Kuriose Plätze in Nordrhein-Westfalen

Manfred A. Schmidt

Kuriose Plätze in Nordrhein-Westfalen

Kontakt zum Autor: www.geografische-texte.de

© März 2016 Manfred A. Schmidt
Herstellung und Verlag:
BOD – Books on Demand, Norderstedt
ISBN: 9783741242953

Das Werk, einschließlich seiner Teile, ist urheberrechtlich geschützt. Jede Verwertung ist ohne Zustimmung des Autors und des Verlages unzulässig. Dies gilt insbesondere für die elektronische oder sonstige Vervielfältigung, Übersetzung, Verbreitung und öffentliche Zugänglichmachung.

Bibliografische Information der Deutschen Nationalbibliothek: Die Deutsche Nationalbibliothek verzeichnet diese Puplikation in der Deutschen Nationalbibliografie; dedaillierte bibliografische Daten sind im Internet über http.//dnb.d-nb.de abrufbar.

Inhalt

	Vorweg gesagt ...	7
Kapitel 1	Feuchte Gebiete... Über und unterwasser	10
Kapitel 2	Komm doch mal rüber ... Grenzkuriositäten	30
Kapitel 3	Ab in die Botanik ... Natur Pur	42
Kapitel 4	Heiliger Bim Bam ... Wunderliche Kirchen	62
Kapitel 5	Gastlich ... Schräge Lokale	74
Kapitel 6	Da guckste, wa? Außergewöhnliche Museen und Ausstellungen	86
Kapitel 7	Ist das Kunst oder kann das weg ... Kreatives aus Nordrhein-Westfalen	120
Kapitel 8	Wo bin ich? ... Des Landes äußerste Ecken	126
Kapitel 9	Gruselig ... Unheimliche Orte	138
Kapitel 10	Schiffbruch ausgeschlossen ... Inselhopping in Nordrhein-Westfalen	160
Kapitel 11	Hohe Hausnummer ... Ungewöhnliche Gebäude	170
Kapitel 12	Vorsicht Technik ... Dem Ingeniör ist nichts zu schwör	182
	Orts- und Stichwortregister	189
	Quellen und Bildnachweis	192

⟫ Vorweg gesagt

Gefühlt gibt es hundert Bücher über die touristischen Highlights von Nordrhein-Westfalen. Ebenso viele Artikel und Webseiten beleuchten fast jeden ihrer Aspekte. Warum dann dieses Buch? Nun, neben den bekannten touristischen Höhepunkten gibt es in Nordrhein-Westfalen auch eine Vielzahl weniger bekannter Plätze zu entdecken, hinter denen sich ungewöhnliche Geschichten verbergen.

Das Buch ist nach einer strukturierten Konzeption gegliedert. Hierbei wurde der besseren Übersichtlichkeit halber eine thematische Listung in Form von Kapiteln gegenüber einer platzsparenden Durchnummerierung bevorzugt. Einige der Objekte eignen sich auch als Ausgangspunkte für zusätzliche Aktivitäten und sind mit Vorschlägen zu weiteren Sehenswürdigkeiten in der Nähe ergänzt.

Bis auf wenige Ausflugsziele, von denen nur Papa oder Mama begeistert sein werden, findet der Leser in diesem Buch hauptsächlich Tipps für Touren, die sich auch hervorragend für Familien anbieten. Alle Kontaktadressen beruhen auf den Angaben des jeweiligen Betreibers. Eine Garantie für deren Richtigkeit und Aktualität kann nicht gegeben werden. Darum sind Öffnungszeiten, Ruhetage, Anfahrtswege, etc. nicht aufgeführt, sie unterliegen zu häufig Änderungen. Bitte informieren Sie sich auf den angegebenen Webseiten des Betreibers oder rufen Sie ihn an.

Nun viel Freude auf der alternativen Entdeckungstour durch das touristische (Hinter-) Land Nordrhein-Westfalens nach dem Motto: *Großes im Kleinen entdecken.*

1

Feuchte Gebiete
Über und unter Wasser

Wasser kreuzt Wasser: Das Wasserstraßenkreuz in Minden ist wie eine Autobahn – nur eben für Schiffe

Wenn Schiffe über Schiffe fahren

Das Wasserstraßenkreuz in Minden

Am Nordrand der Innenstadt von Minden fließt Wasser nicht nur unter, sondern auch auf der Brücke. Hier überquert der Mittellandkanal mit einer 375 Meter langen Brücke die Weser, wodurch sich das seltene Schauspiel erleben lässt, Schiffe über eine Brücke fahren zu sehen. Die Errichtung der Kanalbrücke über die Weser steht im Zusammenhang mit dem Bau des Mittellandkanals. Der zweigt bei Bergeshövede in der Nähe von Rheine aus dem Dortmund-Ems-Kanal ab und verläuft über stolze 325 Kilometer bis zur Elbe bei Magdeburg. Der längste Kanal Deutschlands verbindet als zentraler Teil der einzigen West-Ost-Wasserstraße Norddeutschlands die Stromgebiete des Rheins, der Ems, der Weser und der Elbe und stellt darüber hinaus die Verbindung nach Berlin und zu den osteuropäischen Wasserstraßen her.

Die gleichbleibende Wasserspiegelhöhe des Mittellandkanals zwischen Münster und Hannover hat den Vorteil einer schleusenlosen Strecke über 211 Kilometer, macht aber die Überquerung des Wesertals bei Minden erforderlich. Hier muss der Kanal die dreizehn Meter tiefer liegende Weser überkreuzen. Dazu wurde bereits vor hundert Jahren eine Trogbrücke gebaut. Sie steht unter Denkmalschutz und war bis zum Bau der neuen Brücke mit einer Gesamtlänge von 375 Metern das größte Brückenbauwerk der Binnenschifffahrt in Europa.

1998 wurde im Zuge des Mittellandkanal-Ausbaus eine neue Kanalbrücke als 2. Fahrt über die Weser fertiggestellt.

Der vier Kilometer lange Rundweg *Wasserstraßenkreuz* führt ab der Schachtschleuse durch das Wasserstraßenkreuz. Informationstafeln stellen die einzelnen Bauwerke vor.

Kontaktadresse:

Minden Marketing GmbH
Tourist-Information
Domstraße 2
32423 Minden
Tel.: 0571-8290659
www.minden-erleben.de

Informationszentrum an der Schachtschleuse
Sympherstr. 12
32425 Minden

In der Nähe:

Potts Park in Minden – ein Freizeit-und Erlebnispark zum Mitmachen und Mitlachen.

Am Wasserstraßenkreuz in Minden. Blick auf die Weser (vorne unten) zwischen neuer und alter Kanalbrücke

... im Untergrund

Der Kronleuchtersaal in der Kölner Kanalisation

Die Kölner sind schon ein lustiges Völkchen – und das nicht nur am Rosenmontag und auch nicht erst seit gestern. So hängten sich die Domstädter vor 120 Jahren einen Kronleuchter an die Decke. Nein, nicht in einem Kölner Schloss, sondern an einem Ort, an dem ihn wohl niemand vermuten würde: in die Kölner Kanalisation.

Der Eingang in die Kölner Kanalisation

Seit einiger Zeit machen sie unter dem Lüster auch noch Musik.
Da bekommt der Begriff Untergrund-Musik eine ganz neue Bedeutung. Wat et en Kölle all jivt!

Warum kam nun der Kronleuchter in den Kanal? Eigentlich nur deshalb, weil die Kölner ihren Kaiser Wilhelm II. ein bisschen beeindrucken wollten:
Der starke Bevölkerungsanstieg in Köln erforderte Ende des 19. Jahrhunderts eine Erweiterung der Kanalisation. Als Kernstück der modernen Anlage entstand unter dem Theodor-Heuss-Ring in den 1880er Jahren ein Vereinigungsbauwerk mit Regenüberfallkante. Nach dem Motto, Abwasserkanäle müssen nicht zwangsläufig hässlich sein, wurde das Teilstück nett verklinkert und mit kleinen Bögen verziert.
Da der Kaiser zur Einweihung in Köln war und sein Kommen angekündigt hatte, hängten die Wasserwerker zwei mit Kerzen bestückte Kronleuchter an die Gewölbedecke. Im Jahre 1890 wurde der sogenannte Kronleuchtersaal in Betrieb genommen. Im Zweiten Weltkrieg blieb das Bauwerk von den vielen Bomben, die auf Köln fielen, verschont. Es präsentiert sich heute in einem hervorragenden Zustand und dient immer noch der ursprünglichen Aufgabe.
Seit 2000 veranstalten die Kölner Stadtentwässerungsbetriebe im Kronleuchtersaal Führungen und Konzerte. Dabei wird die besondere Akustik der drei einmündenden

Der denkmalgeschützte Kronleuchtersaal in der Kölner Kanalisation

Kanalröhren sowie der angrenzenden Gewölberäume genutzt. Der Aufenthalt im Kronleuchtersaal ist grundsätzlich nur bei permanenter Messung der Gasparameter zulässig. Bedrohlich nahe gleiten die Hinterlassenschaften in hohem Tempo vorbei und mancher Kölner trifft hier alte Bekannte. Zitat Diplom-Ingenieur Ralf Bröcker von den Stadtentwässerungsbetrieben: »Bei Vegetariern ist es eher locker und schwimmt oben, wohingegen bei Fleischessern die spezifische Dichte größer ist, wodurch es absinkt und hier nicht sichtbar ist«. Eine gute Aufklärung ist immer auch eine Beruhigung. Außerdem sind Rettungsringe am Geländer montiert, reinfallen möchte trotzdem niemand.

Der Geruch ist auszuhalten. Außerdem wird den Gästen während der Kronleuchtersaal-Konzerte ein Strauß aus Pfefferminzpflänzchen unter die Nase gehalten. Aufgrund der hohen Nachfrage ist der musikalische Hochgenuss in der guten Stube der Kölner Kanalisation schnell ausverkauft.

Übrigens: Auf den Besuch des Kaisers wartet das architektonische Kuriosum heute noch.

Kontaktadresse:

Kronleuchtersaal in der
Kölner Kanalisation
50668 Köln, Clever Straße/
Theodor-Heuss-Ring

KölnTourismus GmbH
Kardinal-Höffner-Platz 1
50667 Köln
Tel.: 0221-34643-0
Tel.: 0221-34643-59429
www.koelntourismus.de

Führung und Konzertkarten
0221/22126845

Aufgrund der einzigartigen Akustik finden im Kronleuchtersaal der Kölner Kanalisation klassische Konzerte statt

Winterlandschaft am Dattelner Meer

Begegnung der dritten Art

Das Dattelner Meer

Dattelner Meer? Mit Datteln verbindet man eher die Vorstellung von Palmen auf den atlantischen Inseln vor Afrika. Im Kreis Recklinghausen ist das Meer aber gar nicht so weit entfernt. Zumindest ein Binnenmeer. Auf wenigen Kilometern treffen im Bereich des Kanalhafens Datteln gleich drei Kanäle direkt aufeinander: der Rhein-Herne-Kanal aus Duisburg, der Datteln-Hamm-Kanal aus Hamm und der Dortmund-Ems-Kanal jeweils aus Meppen und Dortmund. Einige Kilometer nördlich zweigt außerdem der Wesel-Datteln-Kanal Richtung Wesel ab. Die Wasserstraßen erweitern sich hier zu einer ausgedehnten Wasserfläche, dem *Dattelner Meer*. Die Länge der Wasserstraßen auf Dattelner Stadtgebiet beträgt insgesamt siebzehn Kilometer. Darum hat die Stadt auch den Namenszusatz *größter Kanalknotenpunkt Europas*; wahrscheinlich ist es sogar der größte der Welt.

Dattelns Hafen hat heute keine Umschlagfunktionen mehr. Er dient als Ruhe- und Liegehafen. Hier finden die Kanalschiffer den erforderlichen Nachschub an Trinkwasser oder Öl. Mehrere Wassersportvereine, ein Stützpunkt der Wasserschutzpolizei und eine Sportbootwerft haben sich hier niedergelassen. Die Leinpfade entlang der Kanäle bieten Spaziergängern, Radfahrern und Joggern eine große Anzahl an Freizeitgestaltungen. So können heute beispielsweise gut trainierte Radfahrer entlang der Dortmund-Ems-Kanal-Route über einen durchgehenden Radwanderweg vom Dattelner Meer direkt bis zum richtigen Meer fahren.

Ein besonderer Höhepunkt auf dem Dattelner Meer ist das Kanalfestival, das jedes Jahr im Spätsommer stattfindet und Tausende von Besuchern anlockt. Das dreitägige Festival mit Musik, Kleinkunst, Hobby- und Handwerkermarkt, Kinderparadies und Gourmetmarkt hat eine langjährige Tradition in der Kanalstadt. Höhepunkte der Veranstaltung sind der Lampionkorso und das große Höhenfeuerwerk.

Adresse:

Kanalkreuz Datteln
Hafenstraße
45711 Datteln

Parkplätze:
Heilbeckstraße 20
45711 Datteln und
Rottstraße 11,
45711 Datteln

In der Nähe:

Schloss Nordkirchen

In der Gemeinde Nordkirchen im Kreis Coesfeld befindet sich mit dem Schloss Nordkirchen eines der herausragendsten Schlösser von Nordrhein-Westfalen, das wegen seiner Größe und dem prunkvollen Französischen Garten auch als das *Westfälische Versailles* bezeichnet wird.

Schloss Nordkirchen

Die Unvollendete

Die Fossa Eugeniana

In der Zeit des Achtzigjährigen Krieges (auch Spanisch-Niederländischer Krieg) zwischen 1568 und 1648 nutzten die Spanier den Rhein als Transportweg für ihren Nachschub in die Niederlande. Als die beiden Mündungsarme des Rheins durch die aufständischen Niederländer besetzt wurden, konnten die Spanier den Unterlauf des Flusses nicht mehr militärisch nutzen. Die Lösung war nach Ansicht der Besatzer eine Kanalverbindung vom Rhein zur Maas. Dabei verfolgten sie zwei Ziele. Einerseits sollte der Nachschub in die südlichen Niederlande (das heutige Belgien) gesichert werden, zum anderen wollten die Besatzer den Handelsverkehr vom Rhein zur Maas umleiten, um so die Niederländer und ihre Verbündeten vom lukrativen Handelsverkehr abzuschneiden.

Mit dem Bau des Kanals wurde 1626 begonnen. Er wurde *Fossa Eugeniana* genannt. Namensgeberin war die Generalstatthalterin der spanischen Niederlande, die Erzherzogin Clara Isabella Eugenia. Die Wasserstraße beginnt und endet bei Rheinberg. Von dort aus verläuft sie nördlich

Kammerschleuse der Fossa Eugeniana in Rheinberg

von Kamp-Lintfort am Kloster Kamp vorbei zwischen Sevelen und Issum in Richtung Geldern. Anschließend südlich an Walbeck vorbei, wo der Kanalverlauf dann zwischen Arcen (Niederlande) und Straelen Richtung Süden abknickt. Der Kanal mündet bei Venlo in die Maas. Dort haben die Niederländer, wohl als späte Abrechnung gegen die einstigen Besatzer aus Spanien, die Fossa Eugeniana auf ihren letzten Metern bis zur Maas unter die Erde verbannt – in die städtische Kanalisation. Trotz der großen technischen Schwierigkeiten und der zerrütteten finanziellen Verhältnisse Spaniens ging es mit dem Bau des Kanales erstaunlich schnell vorwärts. Aber immer häufiger wurden die Bauarbeiten durch Überfälle der Niederländer gestört. Im Jahre 1629 mussten die Tätigkeiten eingestellt werden, weil die Stadt Venlo von den Niederländern zurückerobert wurde. Als dann 1633 ein Teil des noch unfertigen Kanals in die Hände der Niederländer fiel, war das Projekt trotz seiner Verteidigungsanlagen endgültig gescheitert. Obwohl der Kanal nie seine vorgesehene Funktion erfüllt hat, ist ein erstaunlich großer Teil seines Verlaufs bis heute als landschaftsprägender Torso sichtbar.

Entlang der Fossa Eugeniana wurde Ende der 1990er Jahre grenzüberschreitend ein etwa 60 Kilometer langer Weg für Wanderer und Radwanderer angelegt, der auch an anderen Sehenswürdigkeiten der Gegend entlangführt. Für Radfahrer wurde die FOSSA-ROUTE eingerichtet. Entlang der Überreste des Kanals führt der Weg durch abwechslungsreiche Natur und vorbei an historischen Herrensitzen und Schlössern, Bauernhöfen und Mühlen.

Kontaktadresse:

Stadt Straelen –
Tourist-Information
Rathausstraße 1
47638 Straelen
Tel.: 02834 - 7020
www.straelen.de

Am besten zu sehen:
Rheinberg-Stadtmitte, am Kanal oder entlang der B 510 von Rheinberg bis Kamp-Lintfort

In der Nähe:

Kindermuseum Explorado am Duisburger Innenhafen

Ein Mitmachmuseum für 4- bis 12-Jährige, in dem die Kinder faszinierende Phänomene unseres Alltags erforschen können. Hierzu gehören aber auch technische Stationen, eine Wasserlandschaft, eine Baumlandschaft zum Klettern und viele weitere Überraschungen.

Parkmöglichkeit mit Meeres-Flair

Rauschende Meeresbrandung und Möwenschreie aus dem Lautsprecher, ein 1,4 Kilometer langes Luftbild des Ostseestrandes, Strandkorb und Sand. Im Parkhaus unter dem König-Heinrich-Platz in Duisburg parkt der Autofahrer in einem Ostseepanorama.

Kurzer Lauf, lange Geschichte

Die Pader, kürzester Fluss Deutschlands

Es gibt den Mississippi in den Vereinigten Staaten, den Amazonas in Südamerika, es gibt den Nil in Afrika und den Gelben Fluss in China – Flüsse, die alle mit ihrer Länge imponieren. Und es gibt die Pader, ein Fluss, der seinen großen Brüdern jederzeit – Achtung, Wortwitz! – das Wasser reichen könnte, wenn die Natur ihn nur gelassen hätte. Obwohl seine Quellen zu den stärksten Deutschlands gehören, ist er etwas kurz geraten. Trotz ihrer eindrucksvollen Wassermenge, die aus über 200 Quellen im historischen Stadtzentrum des westfälischen Paderborns aus dem Boden entspringen, verliert die Pader bereits nach vier Kilometern in Schloss Neuhaus ihren Namen. Hier mündet sie in die wesentlich wasserärmere Lippe. Deshalb wäre die Pader eigentlich nur ein Bach. Doch mit einem Abfluss von vier Kubikmeter Wasser pro Sekunde an der Mündung in die Lippe ent-

Hier geht es los: Eine der vielen Paderquellen im Stadtgebiet von Paderborn

Hier ist nach vier Kilometern auch schon wieder Schluss: Die Mündung der Pader (oben) in die Lippe (unten), bei Schloss Neuhaus

spricht sie einem Fluss. Demnach müsste die Lippe eigentlich Pader heißen, weil die Pader viel mehr Wasser mitbringt.

Wie dem auch sei, die Pader ist mit ihren vier Kilometern Länge der kürzeste Fluss Deutschlands und erhielt wahrscheinlich weniger Beachtung, wenn sie länger wäre. Das Gewässer gab der Stadt Paderborn ihren Namen (= Paderquelle). Die Stadt wurde nicht, wie viele Städte, entlang eines Flusses, sondern direkt an seiner Quelle erbaut. Man stelle sich vor, die Rheinquelle läge direkt neben dem Kölner Dom ... Durch die geringe Länge des Flusses hat der Besucher die seltene Gelegenheit, einem Flusslauf in eineinhalb Stunden von seiner Quelle bis zu seiner Mündung zu folgen. Der Bummel entlang des Ufers beginnt mitten in der Stadt.

In vergangener Zeit haben die Frauen hier ihre Wäsche gewaschen. Bronzefiguren erinnern noch heute daran. Mit einem kleinen Wasserfall fließt die Pader brausend zu einer alten Mühle, die noch heute in Betrieb ist. Weiter geht die beschauliche Wanderung zu den Paderwiesen. Nach zweieinhalb Kilometern wird der Fluss durch ein kleines Wehr zum Padersee gestaut. Hinter dem See durchfließt er einen Auenpark, ehe er im Zentrum von Schloss Neuhaus in die Lippe mündet. Neben den bezaubernden Naturerlebnissen lassen unterwegs mehrere Spielplätze, zwei Minigolfanlagen und ein Kletterpark auch bei den Kleinen keine Langeweile aufkommen und machen die Pader-Wanderung zu einem idealen Familienausflug.

Kontaktadresse:

Tourist Information
Paderborn – Verkehrsverein
Paderborn e.V.
Marienplatz 2a
33098 Paderborn
Tel.: 05251-882980
www.paderborn.de

In der Nähe:

Dort, wo das Land nicht ganz dicht ist: Die Quellschwemmkegel der Paderborner Hochfläche

Eine naturkundliche Besonderheit sind die Quellschwemmkegel der Paderborner Hochfläche. Die geheimnisvollen Krater, die mal knochentrocken sind, mal wie ein Quelltopf sprudeln, kommen nur hier vor. Quellschwemmkegel sind eine Sonderform temporärer Karstquellen. Das auf der Paderborner Hochfläche versickerte Regenwasser besitzt feinste Bodenteilchen. Durch die Spalten und Klüfte im Kalksteinuntergrund wird es ohne die Bodenpartikel absetzen zu können, weitertransportiert. Das Wasser kommt dann im Almetal wieder an die Erdoberfläche. Dort setzten sich die Schwebstoffe kreisförmig um die Öffnung der Quelle auf dem Gras ab. Dieses Gras durchwächst die Aufschüttung und so erhöht sich der Quellschwemmkegel immer weiter. Die Quellschwemmkegel im Almetal haben metergroße Trichteröffnungen, die in niederschlagreichen Zeiten kreisrunde Seen bilden. In der Talaue der Alme im Ortsteil Niederntudorf der Sälzerstadt Salzkotten befindet sich die größte und zugleich am besten erhaltene Gruppe mit Quelltrichtern.

*Diente ausschließlich der Repräsentation und der Lustschifffahrt:
Der Friedrichstaler Kanal in Detmold*

Zwischen Größenwahn und Wasserbaukunst

Der Friedrichstaler Kanal

Das von König Ludwig XIV. erbaute Sommerschloss Versailles war im 17. Und 18. Jahrhundert der Maßstab aller ehrgeizigen Schloss- und Gartenprojekte in Europa. Als der Graf Friedrich Adolf zur Lippe auf einer Europareise das Schloss Versailles sah, war er sofort hin und weg – und dachte: »So was will ich auch haben«. Im Jahre 1701 begann er in Detmold mit dem Ausbau der Meierei Pöppinghausen zur großzügigen Lustschloss- und Gartenanlage Friedrichstal. Um die Anlage mit dem Residenzschloss zu verbinden, ließ er gleichzeitig einen zwei Kilometer langen künstlichen Wasserweg anlegen, den Friedrichstaler Kanal, mit drei Schleusen, versteht sich. Bei dem spärlich fließenden Wasser im Kanal dürfte jede Schleusung geraume Zeit gedauert haben. Das war aber wohl nicht so tragisch, denn der Kanal wurde nie wirtschaftlich genutzt, sondern ausschließlich für die Lustfahrten der höfischen Gesellschaft erbaut. Unter den Augen schaulustiger Detmolder bestiegen der Graf und die gräflichen Herrschaften mitsamt dem Hofstaat die festlich geschmückten Gondeln an einer Anlegestelle am Schloss und fuhren dann langsam, von Stangen gestoßen, auf dem Canal Grande des Lipperlandes bis zur Vier-Türme-Insel.

Von der Insel begab sich die höfische Gesellschaft zu Wagen oder wenn es mal unbedingt sein musste, zu Fuß in die nahe Anlage Friedrichstal. Hier befand sich ein Barockgarten mit Terrassen und Teichen. Wegen chronischen Geldmangels konnte der *Detmolder Sonnenkönig* aber nur Bruchteile seines Lustschlosses realisieren.

Als 1729 die Orangerie durch einen Brand zerstört wurde, verfiel die Anlage Friedrichstal aufgrund der kritischen Finanzlage immer mehr, bis sie im 19. Jahrhundert zu einem englischen Landschaftspark umgestaltet wurde. Die Inselwiese wurde zur Feuchtwiese, die heute unter Naturschutz steht. Die Kanalanlage ist ein interessantes Kapitel in der Historie Detmolds. Sie erinnert an die damalige Zeit und gilt als bedeutendes Denkmal der barocken Wasserbaukunst.

Kontaktadresse:

Stadt Detmold
Marktplatz 5
D-32756 Detmold
Tel.: 05231-977-0
www.stadtdetmold.de

In der Nähe:

Wer schon einmal in Detmold weilt, sollte sich die historische Altstadt ansehen. Die Häuser stammen aus drei Epochen, dem späten Mittelalter nach dem großen Stadtbrand von 1547 mit bürgerlichen Fachwerkbauten, der Biedermeierzeit mit ihrem spätklassizistischen Stil und mit Häusern aus der Gründerzeit.

Schleuse am Friedrichstaler Kanal

Im Tretboot übernachten

Die Grüne Flotte in Mülheim an der Ruhr

Tretboot fahren, na ja, nicht unbedingt der Brüller. Erst recht nicht bei den Kindern. Aber ein Tretboot, in dem man übernachten, kochen und essen kann und das Ganze auch noch umweltfreundlich? Sicher, segeln ging auch, aber nur mit Prüfung, Sonnenkollektoren sind noch sehr teuer, paddeln ist sehr anstrengend und rudern geht nur rückwärts. Welche Option hat also der Naturfreund, der wunderbar ruhig im Einklang mit der Natur auch mal über Nacht auf dem Wasser unterwegs sein möchte. Pedal Power, natürlich! Warum nicht bequem sitzend die viel stärkere Beinmuskulatur als Mittel zur maritimen Fortbewegung einsetzen.

Die grüne Flotte in Mülheim vermietet führerscheinfreie Haus-Tretboote verschiedener Größe für Ein- oder Mehrtagestrips auf der Ruhr.

Wie im Wohnmobil, nur auf dem Wasser. Tretboot mit Innenleben auf der Ruhr

Im Tretboothafen der Grünen Flotte in Mühlheim an der Ruhr

Das Innenleben der Boote ähnelt einem Wohnmobil mit zusätzlicher Sonnenterrasse. Es ist alles an Bord, was vier Personen für einen entspannten Kurzurlaub auf der Ruhr brauchen – sogar einen Elektromotor, wenn die Waderln ihre Bemühungen einstellen oder der Gegenwind zu stark bläst.

Die Schiffe hören auf so klangvolle Namen wie Escargot, was im französischen Schnecke heißt. Der Name kommt nicht von ungefähr, er verweist auf die Geschwindigkeit, mit der die Crew unterwegs ist. Von einem biologischen Namensvetter der Boote wird die Besatzung zwar nicht überholt aber es kann schon passieren, dass die Spaziergänger auf dem Treidelweg, der das Ruhrufer begleitet, grinsend am Schiff vorbeiziehen. Umso intensiver ist aber der Landschaftsgenuss. Nur so lässt sich die Szenerie entlang der Ruhr hinreichend betrachten. Das Fahrradfahren auf dem Wasser mit seiner unvermeidbaren Entschleunigung trägt maßgeblich zur Erholung bei. Die originellen Haus-Tretboote der grünen Flotte sind ideal für Kurzzeit-Kapitäne und für alle, die eine entspannte Zeit auf eine nicht alltägliche Art und Weise verbringen möchten.

Kontaktadresse:

Grüne Flotte
Wulf-Jürgen Franke
Hafenstraße 15
45478 Mülheim an der Ruhr
Tel.: 0208-74049875
www.gruene-flotte.de

Versunkene Schiffe stehen auf dem Wunschzettel vieler Taucher ganz weit oben

Sharm el Sheik im Teutoburger Wald

Tauchen im NaturaGart-Unterwasserpark in Ibbenbüren

Zum Tauchen ins Rote Meer oder gar in den Pazifischen Ozean nach Palau? Für ein erstklassiges Tauchabenteuer muss man nicht weit reisen: Der *NaturaGart-Unterwasserpark* in Ibbenbüren ist der weltweit größte neu angelegte Tauchsee auf einer Foliendichtung. Bei Sichtweiten bis zu 15 Metern entdecken erfahrene Taucher und Anfänger eine einzigartige künstliche Unterwasserlandschaft. Neben einem über 300 Meter langen Höhlensystem gibt es u.a. einen versunkenen Tempel, ein Schiffswrack und viele riffähnliche Felswände zu erkunden.

Kontaktadresse:

NaturaGart Deutschland GmbH & Co. KG
Riesenbecker Str. 63-65
49479 Ibbenbüren
Tel.: 05451-59340
www.naturagart.com

Spaziergang unter dem Rhein

Der RheinEnergie Fernwärmetunnel in Köln

»... auf dem Mond spazieren gehen ...«, sang einmal die Schlager-Legende Karel Gott. Solch ein Abstecher bedarf allerdings einiger Vorbereitungen. Nicht ganz so umständlich, aber trotzdem spektakulär ist ein Kurztrip unter dem Rhein. Ja – unter dem Rhein, ohne Tauchausrüstung, versteht sich. Dass man in New York den Hudson River unterqueren und in Hamburg zu Fuß durch den alten Elbtunnel die Uferseiten der Elbe unterirdisch wechseln kann ist vielleicht bekannt. Aber in Köln unter dem Vater Rhein spazieren gehen? Seit 1984 verläuft der 461 Meter lange Fernwärmetunnel der Rheinenergie unter dem Rhein. Durch die 461 Meter lange Stahl-Beton-Röhre werden die Fernwärmenetze Kölner Innenstadt

Möglichkeiten, in Köln die Rheinseite zu wechseln bieten die Rheinbrücken, die Rheinseilbahn und die Rheinfähren. Oder man spaziert drunter her

miteinander verbunden. Die Tunnelanlage kann unter der Führung eines Mitarbeiters der Rheinenergie besichtigt werden. Vier bis sechs Meter unter der Rheinsohle erläutert er die Bedeutung, Geschichte und Nutzen der Röhre. In der Mitte des Tunnels teilt er dann den (hoffentlich nicht klaustrophobischen) Besuchern mit, dass bei einem mittleren Rhein-Wasserstand von 3,00 Metern allein auf diesem Teil des Tunnels ein Gewicht von 177000 Kilogramm lastet. Knackte da nicht gerade etwas? Wahrscheinlich waren es die Schraubengeräusche der Schiffe, die man mit ein wenig Glück an dieser Stelle hören kann ... Im Vorraum des Tunnels sind Exponate ausgestellt, die beim Bau des Tunnels vom Grund des Flusses an die Oberfläche gelangten. Nicht vergessen, bei der Wanderung unterhalb des Flusses festes Schuhwerk anziehen, um dann auf der anderen Rheinseite, in der Nähe des Musical Dome, wieder sicher aufzutauchen. Aber keine Ansgt, auch im Fernwärmetunnel gilt das *kölsche Jrundjesetz*: »Et hätt noch immer jot jejange«.

Circa 100 Gitterroststufen führen zu dem knapp 500 Meter langen begehbaren Tunnel hinab

Kontaktadresse:

RheinEnergie Fernwärmetunnel
Kennedy-Ufer
50679 Köln
Bf Deutz/Messe (VRS)
Führung für Gruppen ab 15 Personen, nur nach telefonischer Anmeldung:
0221-1784660
www.rheinenergie.com

Komm doch mal rüber ...
Grenzkuriositäten

2

Grenzen des Föderalismus

Bruchmühlen, das geteilte Dorf

Bruchmühlen ist ein Stadtteil der Stadt Melle im Landkreis Osnabrück in Niedersachsen. Bruchmühlen ist ein Ortsteil der Gemeinde Rödinghausen im Kreis Herford in Nordrhein-Westfalen. Ja, wat denn nu? Beides geht ja nicht. Doch, geht wohl: ein Dorf, zwei Bundesländer. Bruchmühlen ist niedersächsisch und nordrhein-westfälisch zugleich. Wer den Ort besuchten möchte, fährt in einen Kreisverkehr. Hier muss er sich jetzt flott für ein Bundesland entscheiden: Eine Ausfahrt führt nach Bruchmühlen im Landkreis Osnabrück, eine andere nach Bruchmühlen im Kreis Herford. Die Landesgrenze zwischen den Bundesländern Nordrhein-Westfalen und Niedersachsen teilt den Ort von West nach Ost. Der Grund für diesen kuriosen Grenzverlauf war das zum Königreich Hannover gehörende Gut Brocmole. Die benachbarten Sümpfe waren preußisch. Über lange Zeit war das Anwesen der einzige Ort in der Umgebung. Erst Mitte des 19. Jahrhunderts wurde auf der Grenze ein Bahnhof gebaut. Im Anschluss daran ließen sich Handwerker und Kaufleute nieder. Ihre Häuser bauten sie auf beiden Seiten der Grenze. Die Teilung existierte also schon, bevor das Dorf entstand. Sie überdauerte alle Gebietsreformen mit vielen merkwürdigen Folgen. So regieren in Bruchmühlen zwei Bürgermeister; gewählt wird natürlich auch separat und das zwei Mal im Jahr. Der Ort hat zwei Feuerwehren, zwei Polizeidienststellen und zwei Telefonbücher. Straßenlater-

Bruchmühlen
Stadt Melle
Landkreis Osnabrück

Bruchmühlen gehört zu Nordrhein-Westfalen und zu Niedersachsen

nen beleuchten das geteilte Dorf verschieden lang.
Das sind aber nicht die einzigen Kuriositäten in Bruchmühlen: Wenn an den beiden Westfalentagen Fronleichnam und Allerheiligen in Bruchmühlen/Niedersachsen fleißig gearbeitet wird, ist in Bruchmühlen/NRW feiern angesagt. Oder auch über die Straße gehen und einkaufen, denn auf der nieder-

sächsischen Straßenseite haben die Geschäfte geöffnet. Die Eltern können sich im Grenzbereich für eines der beiden Schulsysteme entscheiden. Das führt neben den Vorteilen aber auch dazu, dass ein Teil der Bruchmühlener Kinder durch den unterschiedlichen Ferienbeginn der beiden Bundesländer schon freihaben, die Freunde auf der gegenüberliegenden Straßenseite aber noch zur Schule müssen. Es kann sogar vorkommen, dass Kinder aus ein und derselben Familie zu

Bruchmühlen

Gemeinde Rödinghausen

Kreis Herford

Mitten durch den Ort Bruchmühlen verläuft die Grenze zwischen Nordrhein-Westfalen und Niedersachsen

verschiedenen Zeiten Ferien haben. Das Gleiche gilt auch für den Kindergarten. Als in den Bundesländern unterschiedliche Regelungen zum Rauchverbot existierten, gingen die Bruchmühlener Grenzgänger einfach über die Straße, um sich in der Kneipe eine Zigarette anzünden zu können.
Selbst unter Wasser sind die Grenzkuriositäten spürbar. Hechte dürfen nach der NRW-Fischereiordnung nur ab 45 Zentimeter Gesamtlänge in der Pfanne landen. Auf niedersächsischer Seite darf diese Fischart schon ab 40 Zentimeter am Haken hängen. Allerdings nicht, wenn sie zwischen dem 1. und 14. Februar aus dem Wasser gezogen wurden. Dann gilt am niedersächsischen Ufer bereits die Schonzeit für den Hecht. Auf NRW-Seite beginnt die Schonzeit aber erst am 15. Februar. Wer sich das merken kann, ist ein toller Hecht.
Übrigens: durch den Ort verläuft auch die Landkreisgrenze (Herford und Osnabrück) und die Gemeindegrenze (Rödinghausen und Melle). Und das Ganze liegt bei Preußisch-Oldendorf – hä, wo? – aber das ist dann wieder eine andere Geschichte.

Kontaktadresse:

Gemeinde Rödinghausen
Heerstraße 2
32289 Rödinghausen
Tel.: 05746-948-0
www.roedinghausen.de

Stadt Melle
Schürenkamp 16
49324 Melle
Tel.: 05422-965-0
www.melle.info

Das niederländische Dinxperlo und das deutsche Suderwick sind zwei Ortschaften an der niederländisch-deutschen Grenze, deren Bebauung nahtlos ineinander übergeht. Wäre da nicht die Grenze, markiert durch gelbe Kreuze auf der Straße, könnte man annehmen, es handele sich um einen einzigen Ort mit zwei Ortsteilen. Hier macht der Besucher im wahrsten Sinne des Wortes merkwürdige Grenzerfahrungen:

Vermischtes

Grenze zwischen Suderwick und Dinxperlo

Die Grenzlinie zwischen Suderwick und Dinxperlo, von den Menschen vor Ort *De Goot*, also die Gosse oder die Rinne genannt, verläuft mitten durch die Dorfstraße, deren deutsche Straßenseite Hellweg und deren niederländische Seite Heelweg heißt. Die Grenze geht teilweise mitten durch Grundstücke hindurch, sodass einzelne Häuser des einen Landes nur vom anderen Land aus begehbar sind. Nach Wegfall der Grenzkontrollen erkennt man nur noch anhand der unterschiedlichen Architektur sowie der zweierlei KFZ-Kennzeichen und Verkehrsschilder, in welchem Ort und damit in welchem Staat man sich gerade befindet.

Die deutschen Kinder können in den niederländischen Kindergarten gehen und anschließend die Basisschool in Dinxperlo besuchen, die niederländischen Kinder nehmen auf deutscher Seite am Schwimmunterricht teil. Die Dinxperloer trinken Wasser aus Deutschland, das in der Kläranlage von Dinxperlo gereinigt wird.

Auf niederländischer Seite befindet sich die erste deutsch-niederländische Polizeistation. Von hier aus gehen niederländische und deutsche Beamte gemeinsam Streife. Feuerwehr und Notarzt fahren ganz selbstverständlich über die Grenze. Direkt auf der Grenze steht das europaweit erste grenzüberschreitende Altenheim, in dem Menschen von hüben und drüben wohnen. Die beiden Gebäudeteile sind durch eine Brücke über der Grenzstraße verbunden. Von hier haben die Senioren einen schönen Ausblick auf beide Länder. Der große Tisch im Aufenthaltsraum steht quer über der Grenze. Ein gemeinsamer Dialekt lässt bei den deutsch-niederländischen Nachbarn keine Verständigungsprobleme aufkommen. Noch mehr über den Doppelort und über

Die Grenzlinie verläuft durch die zusammenhängenden Ortschaften Dinxperlo/NL (rechts) und Suderwick (D)

das frühere Leben an der Grenze erfährt der Besucher im Grenzlandmuseum.

Eine Grenze, die verbindet, gibt es auch noch fünf Kilometer nördlich von Aachen bei Herzogenrath. Hier verläuft die Grenzlinie zwischen den Niederlanden und Deutschland auf einer Länge von eineinhalb Kilometern in der Straßenmitte. Die Neustraße in Herzogenrath bzw. Nieuwstraat in Kerkrade teilt die seit über 800 Jahren zusammengewachsenen Städte und bildet gleichzeitig die Staatsgrenze zwischen Deutschland und den Niederlanden.

Am Ende dieser Straße wurde vor wenigen Jahren ein Gebäude, das Eurode Business Center, in dem auch die Polizei ihren Sitz hat, auf der Grenze gebaut. Beide Orte bilden die Europäische Modellgemeinde Eurode.

Kontaktadresse:

Grenslandmuseum Dinxperlo
Markt 1
7091 Dinxperlo, Niederlande
Tel.: 0031-315 656245
www.grenslandmuseum.nl

Drei-Staaten-Meeting

Das Dreiländereck Belgien-Deutschland-Niederlande

Wenn an einem geografischen Punkt drei Territorien zusammentreffen, spricht man von einem Dreiländereck. Solche Punkte kommen sowohl auf nationaler Ebene (Gliedstaaten, Bundesländer, Verwaltungseinheiten) als auch auf internationaler Ebene vor.

Viele dieser Plätze sind schlecht oder gar nicht zugänglich, weil sie beispielsweise in Flüssen oder Seen liegen. An begehbaren Stellen haben Staaten oft eine Stele, einen Obelisken oder einen Grenzstein aufgestellt. Solch ein Grenzstein steht in der Nähe von Aachen und markiert den Punkt, an dem die Niederlande, Belgien und Deutschland zusammentreffen.

Der Grenzpunkt befindet sich auf dem Vaalserberg, welcher gleichzeitig mit 322 Meter der höchste Punkt der Niederlande ist. Dieser Dreiländerpunkt, *hoch* in den Niederlanden, war bis 1919 sogar ein Vierländerpunkt. Da gab es nämlich noch das Gebiet Neutral-Moresnet, das ebenfalls an den Grenzpunkt heranreichte. Nach den Niederlagen Napoleons konnten sich Niederländer und Preußen (Belgien existierte zu dieser Zeit noch nicht) nicht darüber einigen, an welches Land dieses Gebiet mit seinen Bodenschätzen gehen sollte. Beide wollten dort Galmei(Zinkspat) abbauen – damals notwendig für die Zink- und Messingherstellung. Dadurch wurde das Gebiet unter gemeinsamer Verwaltung neutral; es entstand eine Art Mikronation mit vielen Kneipen, Bordellen, zwei Casinos und einem regen Alkoholschmuggel.

Keinesfalls war Neutral-Moresnet, wie oftmals behauptet wird, ein selbstständiger Staat, sondern eher ein umstrittenes Gebiet. Trotzdem wurde der Grenzpunkt jetzt Vierländereck genannt. Das Provisorium existierte immerhin 103 Jahre, bis der Erste Weltkrieg diesem staatsrechtlichen Unikum das Ende bereitete.

Auf den Vaalser Berg führt ein gemütlicher Wanderweg. Oben am Dreiländerpunkt angekommen gibt es einen Freizeitpark, Kinderspielplätze und ein Labyrinth. Vom Balduin Turm hat der Besucher einen einzigartigen Rundblick dorthin, wo Deutschland, Belgien und die Niederlande zusammenfinden. Das Dreiländereck Belgien-Deutschland-Niederlande ist nicht nur für

Gleichzeitig in drei Ländern – am Dreiländereck möglich

den Australier, der in seinem Land laufen kann, wohin er will, aber nie auf eine internationale Grenze trifft, ein einzigartiges Erlebnis. Auch für den Europäer ist es eine Erfahrung der besonderen Art, gleichzeitig in drei Ländern zu stehen. Das Dreiländereck ist ganzjährig frei zugänglich.

Ein weiteres Dreiländereck gibt es in der Nähe des Dorfes Ouren in der belgischen Eifel. Hier berühren sich inmitten des Flusses Our die Hoheitsgebiete Deutschlands, des Großherzogtums Luxemburg und Belgiens. Das Europa-Denkmal erinnert an die Römischen Verträge zur Gründung der Europäischen Gemeinschaft von 1957.

Kontaktadresse:

Dreiländerweg
52074 Aachen
Tel.: 0241-1802960
www.aachen.de

Mit der Draisine über die Grenze in die Niederlande

Auf Schienen über die Grenze

Mit der Draisine in die Niederlande zur Weinprobe

Die Fahrt mit einer Draisine ist ohne Zweifel eine Bahnfahrt der besonderen Art. Dabei eine Staatsgrenze zu übertreten, macht eine solche Tour sicherlich noch reizvoller. Aber am Ende der Strecke in einem niederländischen Weindorf (!) ankommen – kann man sich denn auch auf Schienen verfahren? Eigentlich nicht. Aber der Reihe nach. Was tun mit einer Bahnstrecke, die niemand mehr braucht? Ganz einfach, weiter benutzen, nur mit anderen Fahrzeugen: Lokomotive runter und Draisine auf die Schienen. So geschehen auf der ehemaligen Bahnlinie Kleve-Kranenburg-Groesbeek. Auf zwei unterschiedlichen Draisinenstrecken zwischen Kleve und Kranenburg oder zwischen Kranenburg und Groesbeek erlebt der Besucher Naherholung und Spaß. Hierbei verläuft die ausgiebige Strecke mit sportlichen 20

Kilometern von Kranenburg nach Kleve und zurück, oder umgekehrt. Grenzüberschreitend sind Sie auf der mit Hin- und Rückfahrt elf Kilometer langen Strecke zwischen Kranenburg und Groesbeek in den Niederlanden unterwegs.

Zwei perfekte Strecken um sich zu entspannen und ungestört vom Straßenverkehr die Landschaft zu genießen. Während der Fahrt mit der Draisine kann der Blick schweifen. Wo man sonst eilig mit dem Auto vorbeirauscht, hat man jetzt Zeit und braucht nicht zu lenken. Die Bahn führt vorbei an klassischen Gärten, durch das Naturschutzgebiet Düffel und durch eine der renommiertesten Weinregionen der Niederlande.

Aha, Wein aus Holland! Ja, denn seit 2001 wird im Dorf Groesbeek bei Nimwegen Wein angebaut. Die hügelige Region und der fruchtbare Boden bilden hier gemeinsam mit neuen Rebensorten eine Grundlage für qualitativ hochwertige Rot- und Weißweine aus den Niederlanden. Das macht neugierig. Aber bitte beachten, dass beide Strecken keine One-Way-Touren sind und es sich bei einer Draisinen-Fahrt immer um eine Hin- und Rückfahrt handelt! Also, auf der Hinfahrt nicht den Eddy Merckx machen, sondern noch ein Paar Körnchen für die Rückfahrt

aufbewahren. Ob Familienausflug, Kindergeburtstag, Betriebsausflug oder eine Unternehmung mit Freunden; eine Fahrt mit der Draisine ist ein Spaß für alle und auf jeden Fall ein nicht alltäglicher Freizeit-Tipp für Teilnehmer jeden Alters!

Eine Bahnfahrt der besonderen Art: Unterwegs mit der Fahrraddraisine am Niederrhein

Kontaktadressen:

Kleve Marketing GmbH & Co. KG
Opschlag 11-13
47533 Kleve
Tel.: 02821- 89509-0
www.kleve-tourismus.de
www.kleve.de

Grenzerlebnisse im Sekundentakt

Mit dem Fahrrad von Waltrop nach Datteln in drei Sekunden

Ein Grenzverlauf durch eine Straße war in früheren Zeiten keine Seltenheit. Heute ist er zwischen zwei Ländern schon eine Kuriosität. Auf Verwaltungsebene kommt solch eine fossile Grenzziehung noch seltener vor. In Deutschland zu finden ist sie als Stadtgrenze zwischen den Städten Waltrop und Datteln. Das sorgt an den innerörtlichen Ortseingangs- und -ausgangsschildern häufig für Verwirrung bei Ortsunkundigen: Aus Richtung Osten fährt der verdutzte Fahrer gleichzeitig in zwei Orte hinein – rechts steht das Ortseingangsschild von Datteln, links das von Waltrop. Eine Überquerung der Straße mit dem Fahrrad und der damit verbundene Wechsel von einer Stadt in die andere dauert maximal drei Sekunden.

Noch lustiger wird es, wenn man den Ort verlässt. Während das rechte Schild dem entgeisterten Fahrer bestätigt, das er gerade den Ortsausgang von Waltrop passiert, verspricht das Ortsausgangsschild auf der anderen Seite von Datteln, dass man in fünf Kilometern Waltrop erreicht. Aber hatte man jenes Waltrop nicht gerade erst verlassen? Dazu kommen dann noch Running Gags der Anwohner, wie der eines Waltropers: »Ich zieh nach Datteln!«

Wie kommts? Ein Teil der Provinzialstraße gehört halbseitig zu Datteln, die andere Hälfte befindet sich auf Waltroper Stadtgebiet. Das zu Datteln gehörende Straßenstück umfasst die Häuser auf der nördlichen Seite der Straße. »Such Dir was aus!«, geht also nicht, scheinbar ist doch alles geordnet. Trotzdem wird hier nachbarschaftliche Hilfe gleich zur Angelegenheit zwischen zwei Städten.

Radeln nach Zahlen durch drei Länder

An einem Tag von Deutschland nach Belgien und in die Niederlande radeln? Sie denken das ist unmöglich? Nicht im schmalsten Stück der Niederlande! Der Limburger Zipfel (um Maastricht), eingezwängt zwischen Belgien und Deutschland, ist an seiner engsten Stelle nur etwa fünf Kilometer breit. Diese Dreiländer-Fahrradtour führt Sie vorbei an Denkmälern, Klöstern und malerischen Dörfern in Belgien, Deutschland und den Niederlanden.

Unterwegs erkunden Sie interessante Kulturschätze wie die drei romanischen Kirchen in Susteren (NL), Limbricht (NL) und Millen (D) die unter anderem spätgotische Skulpturen der besonderen Art bieten. Das belgische Städtchen Maaseik wartet mit musealen Highlights auf. Unterwegs, sowohl in Deutschland, der Niederlande und Belgien, gibt es zahlreiche Möglichkeiten sich zu erholen und Pause zu machen. Die etwa 57 Kilometer lange Rundstrecke verläuft über einen Wegweiser des *Knotenpunktsystems*. Hierbei wird die Nummer des Knotenpunkts in der entsprechenden Zeile der Fahrtanweisung angegeben. Es wird also nicht nach einer Karte, sondern von einem Knotenpunkt zum anderen gefahren. Der Vorteil des Systems besteht darin, dass Radfahrer sich anstatt der Ortsnamen nur die Nummern der Knotenpunkte der geplanten Strecke merken müssen.

Startplatz unserer Rundfahrt ist die Pfarrer-Meising-Straße in 52538 Selfkant-Höngen, wo der PKW in den Parkbuchten abgestellt werden kann. Wir fahren nun zum Radweg und folgen diesem in Richtung Knotenpunkt 43 nach *Havert* und weiter zum Punkt 42 nach *Schalbruch*. Am Knotenpunkt 42 biegen wir rechts in den Radweg ab, der

Die romanische St. Amelbergakirche in Susteren ist eine Station auf der Drei-Länder-Tour

uns in die Niederlande führt und kommen so zum Punkt 20 des niederländischen Radwegenetzes und fahren Richtung Punkt 16. Auf halber Strecke gelangen wir in den Ort *Susteren*. Hier sehen wir uns die frühromanische Kirche *Amelbergakerk* mit seiner Außenkrypta an. Die Schatzkammer mit dem Amelbergaschrein aus dem 12 Jh., einem merowingischen Sarkophag aus dem 7./8. Jahrhundert, zwölf alten Grabsteinen, Textilien aus dem 12. Jahrhundert sowie einer Kalvariengruppe aus dem 14. Jahrhundert zeigt stille Zeugen vergangener Zeiten.

Von Punkt 16 fahren wir über Punkt 11 weiter zu Punkt 13 und dann zum Punkt 24 ins gemütliche belgische Städtchen *Masseik*, dem wir einige Zeit widmen wollen.

Hier befindet sich unter anderem das Apothekenmuseum mit der ältesten Apothekeneinrichtung Belgiens aus dem 17. Jahrhundert. Von Maaseik aus radeln wir weiter in Richtung Punkt 26 und über den Maasdeich zum Punkt 46.

Dort überqueren wir die Maas mit einer Fähre zum Punkt 19 und fahren dann weiter zum Punkt 23 nach *Born*. Weiter geht es Richtung Punkt 18. Nach etwa drei Kilometern kommen wir in das Örtchen *Limbricht* zum *Salviuskerkje*. In dieser Saalkirche aus dem Jahre 1000 fallen besonders die Deckenmalereien aus 1280 und die Kanzel mit den reizvollen Statuen aus dem 16. Jahrhundert auf. Auch dem Schloss Limbricht, das in direkter Nähe der Kirche liegt, wollen wir einen Augenblick widmen. Von Limbricht aus fahren wir nun wieder zurück auf den Fahrradweg in Richtung Punkt 18. Hierbei passieren wir die *Grenze* und kommen wieder nach Deutschland, in den Ort *Millen*.

Dort ist die Nikolauskirche, eine der ältesten noch erhaltenen Steinkirchen der Region, besonders sehenswert. Die ausdrucksvollen Stuckreliefs aus dem 16. Jahrhundert, die sehr plastisch den Quirinuszyklus und die Marienkrönung darstellen, gehen mit großer Wahrscheinlichkeit auf italienische Vorbilder zurück.

Weiter geht es nach *Selfkant -Tüddern* zum Punkt 41. Hier bietet das Bauernmuseum Selfkant auf etwa 2000 Quadratmeter interessante Einblicke in die Welt des bäuerlichen Landlebens vergangener Tage. Von alten Traktoren bis zu Großmutters Küche, von der Dorfschmiede bis zum Arbeitszimmer eines Landarztes gibt es hier viel zu sehen. Anschließend fahren wir über den Punkt 41 zu Punkt 43 nach *Havert* und dann in Richtung Punkt 53, zum Ausgangspunkt nach Höngen zurück.

Im Schweinsgalopp durch drei Länder

Das Ganze geht mit dem Auto sogar in Rekordzeit: Wer an der niederländisch-deutschen Grenze in dem deutschen Örtchen Isenbruch startet und sich direkt zur niederländischen Gemeinde Susteren begibt um von dort sofort weiter ins belgische Städtchen Maaseik zu fahren, hat am Ende für diese »Dreiländerfahrt« mit Ortsgeschwindigkeit höchstens sieben (!) Minuten benötigt.

Ab in die Botanik
Natur Pur

3

Baumlang

Der Park der Mammutbäume in Nettetal

Mammutbäume gehören zu den ältesten und höchsten Bäumen der Erde. Die eindrucksvollen Riesen werden bis zu 3.800 Jahre alt. Bei einem Stammdurchmesser von zwölf Metern können sie über hundert Meter hoch werden. Eine Eiche schafft höchstens die halbe Strecke. Die Heimat der Giganten ist Kalifornien. Aber sie stehen auch an Orten, wo man sie nicht unbedingt erwartet. Mammutbäume wachsen auch in Nordrhein-Westfalen – ganz genau am Niederrhein, wo sie auf dem Gelände der Sequoiafarm in Nettetal zu bewundern sind.

Nach dem Krieg war der Grenzwald größtenteils zerstört. Im Rahmen der Wiederaufforstung begann das Gehölzkundler-Ehepaar Martin im Jahr 1950 mit der ersten systematischen Mammutbaum-Anzucht in Europa. Auf ihrem Farmgelände im Kaldenkirchener Grenzwald säten sie eine größere Menge Bergmammutbäumen aus.

Ab 1952 wurde zusätzlich mit der Anzucht des Küstenmammutbaums begonnen. Diese Art erreicht in Kalifornien bis zu 115 Meter Höhe, kommt jedoch nicht so gut mit dem vorwiegend kühlen Kontinentalklima in Deutschland zurecht. Durch Selektion wurde eine erhöhte Frosttoleranz erreicht. Heute stehen auf dem Gelände Exemplare mit bis zu 40 Meter Höhe. Auch die dritte Art, der Urwelt-Mammutbaum, findet sich auf der Sequoiafarm. Diese Spezies galt als ausgestorben, bis 1941 zwei lebende Exemplare dieser gewaltigen Bäume in China gefunden wurden.

Viele Jungpflanzen wurden von Nettetal aus in private und staatliche Forste verschickt. Eine biologische Station unter der wissenschaftlichen Leitung der Gesamthochschule Essen forscht hier in verschiedenen Fachgebieten.

Der 3,5 Hektar große botanische Garten gehört heute dem Verein Sequoiafarm e.V., dessen Mitglieder sich um den Erhalt des Arboretums kümmern. Neben den Baumriesen hegen sie noch weitere dreihundert seltene Gehölzarten.

Kontaktadresse:

Sequoiafarm Kaldenkirchen
Buschstraße 98
41334 Nettetal-Kaldenkirchen
Tel.: 02157-6133
www.sequoiafarm.de

Nichts für den Vorgarten: Berg- oder Riesenmammutbäume auf der Sequoiafarm in Nettetal

Ein Teppich im Gehölz

Im Wald der blauen Blumen

Ein schmaler Feldweg führt von der Straße zwischen Doveren und Baal in ein kleines Waldgebiet mit dem Namen *Hinter dem Berg*. Zwerge sind nicht zu entdecken und auch der Name Baal hat nichts mit Brechts Drama zu tun. Statt dessen befindet sich der Besucher mitten in einem heiteren Lustspiel mit dem Titel *Im Wald der blauen Blumen*. Vor seinen Augen breitet sich ein Meer von wunderschönen blauen Blüten aus.

Ursache für dieses in Deutschland seltene Naturschauspiel ist das Atlantische Hasenglöckchen mit dem botanischen Namen Hyacinthoides non-scripta. Von Mitte April bis Mitte Mai, je nach Wetter ist hier der Waldboden großflächig mit einem dichten blau-grünen Teppich aus wild blühenden Hasenglöckchen bedeckt.

Außerdem verbreitet die Pflanze einen angenehmen Duft. Ein derartig großer Bestand der seltenen Pflanze ist in Deutschland äußerst selten. Neben wenigen kleinen Vorkommen im Westen des Landes wächst die geschützte Pflanze, die auch auf den Namen Waldhyazinthe hört, noch in Irland, England, im Nordwesten Frankreichs und im Westen Belgiens.

Anfahrt:

Baal und Doveren gehören zur Stadt Hückelhoven im Kreis Heinsberg. Die L 117 von Baal nach Doveren fahren, bei den ersten Häusern, Bahnstraße 66-70 führt der Weg links neben den Häusern ins Wäldchen.

In der Nähe:

Natur- und Tierpark Brüggen

Es muss nicht immer ein großer Freizeitpark sein, der die Haushaltskasse beutelt. Ein Erlebnis für Kinder und Eltern ist der Natur- und Tierpark Brüggen. Nur ca. 20 Minuten von Mönchengladbach, nahe der niederländischen Grenze zu Roermond, erleben große und kleine Leute einen unvergesslichen Tag. Neben 130 Tieren aus fünf Kontinenten, die fast ausnahmslos auch gefüttert und gestreichelt werden können, gibt es hier auch einen riesigen Abenteuerspielplatz mit Sommerrodelbahn, elektrischen Pferden, Minigolfanlage, Einschienenbahn, Elektroautos und vielen weiteren Überraschungen.

Narzissenblüte im Oleftal

Startschuss ins Frühjahr

Narzissenwiese Hellenthal im Naturpark Nordeifel

Nein, es sind keine Osterglocken, die sich von Mitte April bis Anfang Mai tausendfach der Sonne entgegenstrecken. Es ist die zum Verwechseln ähnliche, wild wachsende gelbe Narzisse (Narcissus pseudonarcissus), die alljährlich die Wiesenhänge im Gebiet des Naturpark Nordeifel in gelbe Blütenteppiche verwandelt.

Wenn nach den langen Wintermonaten der Schnee geschmolzen ist und die Sonne ihre ersten wärmenden Strahlen vom Himmel sendet, ist auch südlich von Monschau der Frühling erwacht. Auf den Wiesen im oberen Oleftal bei Hellenthal-Hollerath, quasi am Südpol von Nordrhein-Westfalen, explodieren dann in kürzester Zeit unzählige gelbe Blüten der wilden Narzisse und leuchten wie Sterne.

Die Wiesen im deutsch-belgischen Grenzgebiet waren lange Zeit Kulturland. Die Bauern konnten hier das begehrte Bendenheu ernten. In den letzten Jahrzehnten wurden die Wiesen durch den Naturschutz wieder freigestellt und geben den Narzissen seither den nötigen Lebensraum. Neben der Eifel kommt Narcissus pseudonarcissus in Deutschland heute nur noch im Hunsrück vor.

Es gibt zwei ausgewiesene Wanderwege, der rot markierte Weg ist fünf Kilometer lang und der gelb markierte Weg ist 7,5 Kilometer lang. Festes Schuhwerk ist erforderlich.

Kontaktadresse:

Touristinformation Hellenthal
Rathausstraße 2
53940 Hellenthal
Tel.: 02482-85115
www.tourismus@hellenthal.de

Rosarote Exoten im Münsterland

Die Flamingos von Vreden

Pferde und Kühe im Münsterland. Na klar. Flamingos im Münsterland, Unsinn! In dieser Gegend gibt es Flamingos nur im Zoo. Oder – doch, tatsächlich, Flamingos! Die norddeutsche Tiefebene als Heimat subtropischer Vögel. Was machen die hier und wo kommen die her? Wer es noch nicht weiß, stellt solche oder ähnliche Fragen, wenn er zum ersten Mal die Stars im Naturschutzgebiet Zwillbrocker Venn beobachten kann. Hier im westlichen Münsterland, direkt an der niederländischen Grenze befindet sich seit einem Vierteljahrhundert die einzige Flamingo-Brutkolonie in Mitteleuropa. Hier werden Jungtiere erfolgreich von ihren Eltern aufgezogen. Das ist eine absolute Rarität, denn die nächsten Kolonien sind in der Camargue in Südfrankreich, in Spanien und auf der Insel Sizilien. Ein Verwandtenbesuch will also gut geplant sein. Drei Arten sind im Zwillbrocker Venn zu Hause: der karibische Flamingo, der Chile-Flamingo und der große Flamingo. Bis heute wurden viele Überlegungen darüber angestellt, was die Schönhälse dazu bewegt hat, ausgerechnet im niederdeutschen Sumpf ihre Nachkommen aufzuziehen. Es ist möglich, dass die Vögel aus einer Gruppe stammen, die an der niederländischen Nordsee-Küste ihr Winterquartier aufgeschlagen hatten und sich dann Ende der 70er Jahre, warum auch immer, weiter in Richtung Norden bewegt haben.

Die uneingeschränkten Stars im Naturschutzgebiet Zwillbrocker Venn sind die exotischen Flamingos

Für die Chilenen und Kubaner wäre der Weg bis ins Münsterland definitiv zu weit. Es könnte sein, dass sie aus einem Zoo abgehauen sind. Bei den großen Flamingos wäre ein Umzug aus ihrer Heimat wie Kasachstan oder Südeuropa ins Zwillbrocker Venn aber durchaus denkbar. Vielleicht sind die Vögel auch ihren

Trügt der Morgennebel die Sinne? In Europa ist der Flamingo in Südspanien und in der Camargue in Südfrankreich verbreitet – und im Zwillbrocker Venn im Münsterland

Privatbesitzer entwischt oder sogar ausgesetzt worden. Wie dem auch sei, heute verbringen etwa vierzig Flamingos ihre Zeit im münsterländischen Sommerquartier, um dann im Herbst in den milderen Regionen Südhollands zu überwintern.

Kontaktadresse:

Biologische Station Zwillbrock e.V.
Zwillbrock 10
48691 Vreden
Tel.: 02564-9860-0
www.bszwillbrock.de

In der Nähe:

rock'n'popmuseum Gronau

Das rock'n'popmuseum zeigt in der Ausstellung die Kulturgeschichte der Popularmusik des 20. Jahrhunderts. Es ist bundesweit einzigartig für dieses Genre der Musikgeschichte. Die Idee zur Gründung des rock'n'popmuseums lieferte »Panik«-Rocker Udo Lindenberg, der berühmteste Sohn der Stadt Gronau.

Ich glaub ich steh im Wald ...

Waldweg Grenzenlos in Meerhof

Schon immer hatte der Wald für die Menschen eine große Bedeutung. War er früher in erster Linie ein Wirtschaftsfaktor, ist er heute ein kostbarer Erholungsraum. Das Gesamtbild des Waldes mit seinen Bäumen, Pflanzen und Tieren bildet ein Kontrast zum hektischen Alltag und bietet Ruhe und Entspannung. Der Gedanke, den Wald jederzeit auch für Menschen mit Handicaps zugängig zu machen, führte zur Realisierung des Projekts Lernort Wald für Menschen mit Behinderungen.
Der Landesbetrieb Wald und Holz NRW, und die Kreisstadt Olpe stellten sich gemeinsam die Aufgabe, mit dem *Waldweg Grenzenlos* es auch Menschen mit Handicap zu ermöglichen, ihr eigenes Verhältnis zum Wald zu entwickeln.
Der im Naturpark Eggegebirge gelegene Waldweg Grenzenlos ist ein Waldrundweg mit 35 Stationen. Er verläuft 3,5 Kilometer über Kahlflächen, durch Jung- und Altholzbestände und durch einen Schulwald. An den einzelnen Stationen wird nicht nur Wissenswertes vermittelt, sondern vor allem Sichtbares und Unsichtbares erlebbar gemacht.

Die Wanderer und Spaziergänger werden ermuntert, durch eigenes Handeln, Sehen, Hören und Ertasten ihren Wald zu erkunden. Der barrierefreie Walderlebnisparcours ist rollstuhlgerecht ausgebaut und mit einem Blindenleitsystem ausgestattet, um auch sehbehinder-

Der gesamte Parcours des Waldweg Grenzenlos ist rollstuhlgerecht ausgebaut

ten Menschen die Möglichkeit zu geben, den Weg eigenständig zu erleben. Eine Art Sprachguide wird als Podcast zum Download von der Internetseite des Regionalforstamtes bereitstehen, um die Stationen für die Besucher attraktiver zu gestalten. Diese können dann von einem Handy oder MP3-Player je Station abgehört werden. Die Wanderung auf dem Waldweg Grenzenlos erfordern keine Vorkenntnisse oder spezielle Fähigkeiten. Der Weg hält für Groß und Klein viele Überraschungen bereit. Spiel- und Erlebniselemente im Freien machen den Besuch zu einem ereignisreichen Tag. Der Pfad ist ganzjährig geöffnet.

Kontaktadresse:

Wald und Holz NRW
In der Stubicke 11
57462 Olpe
Tel.: 02761-93870
www.kurkoelnisches-sauerland@wald-und-holz.nrw.de

Mit nackten Füßen über Stock und Stein

Der Barfußpfad in Moers-Repelen

Barfußlaufen – ok, im Sommer am Strand oder im Schlafzimmer auf dem Weg zum Bett. Gut, vielleicht auch noch über den heiligen Rasen des Wembleystadions. Aber mit nackten Füßen über spitze Steine, Kies und Splitt; sogar über kleinste Glasscherben, durch das kalte Kneipp-Becken und zum Schluss durch ein Becken mit schlammigem Lehmwasser ...

Wer seine Füße endlich einmal wieder an die Luft lassen möchte, wer seinen Kreislauf mit einfachen Mitteln mal wieder auf Trab bringen will, der zieht Schuhe und Strümpfe aus und begibt sich auf den Spuren des Lehmpastors Emanuel Felke.

Ob große oder kleine, junge oder alte, ob Platt-, Senk- oder Spreizfüße – alle können auf einer 1,2 Kilometer langen Strecke verschiedene Untergründe ertasten. Der Barfußpfad im historischen Jungbornpark von Moers-Repelen bietet die Gelegenheit, seine Füße einmal wieder ganz anders zu spüren. Der Fußweg besteht aus zwei Abschnitten. Da ist einmal der einen Kilometer lange Rasen- und Waldpfad durch den Park, der Standorte früherer Kureinrichtungen des Lehmpastors Emanuel Felke miteinander verbindet. Dieser Rundweg ist öffentlich. Hier befinden sich Stationen zum Balancieren und zum Erspüren unterschiedlicher Bodenbeläge.

Der zweite Teil ist der kostenpflichtige Intensivbereich. Hier werden Einrichtungen für die eigentlichen kneippschen Anwendungen, wie Wassertreten und Lehmstampfen angeboten.

Weiterhin können in diesem Bereich unterschiedliche Böden erfühlt werden. Das Gefühl Wasser, Lehm, Split, Sand, Holz oder auch Kies mit den Füßen zu erfahren tut nicht nur der Gesundheit gut, es garantiert den Besuchern Erholung, Spaß und ein besonderes Naturerlebnis. Machen Sie sich auf die (nackten) Sohlen!

Kontaktadresse:

Felkeverein Moers-Repelen e.V.
Niephauser Str. 205
47445 Moers
Tel.: 02841-71473
www.felkeverein.de

Geh-Fühl: gehen und fühlen. Im Barfußpfad im Jungbornpark in Moers-Repelen lernen Sie Ihre Füße neu kennen

Ein Spaziergang durch das Universum

Der Borkener Planetenweg

Wie weit ist es von der Erde bis zur Sonne? Wie groß ist unsere Sonne und wie viele Planeten gibt es eigentlich? Um all diese und viele andere astronomische Fragen zu beantworten, haben die Sternfreunde Borken einen Planetenweg angelegt.

Durchreisen Sie zu Fuß oder mit dem Rad unsere kosmische Heimat. Möglich ist dieser Spaziergang durch das Universum in einem originalgetreuen, begehbaren Modell des Sonnensystems. Im verkleinerten Maßstab von 1:1 Milliarde erklärt der Planetenweg im münsterländischen Borken dem Besucher die unvorstellbaren Dimensionen des Raumes.

Das Licht legt pro Sekunde etwa 300.000 Kilometer zurück. Im Modell wären das gerade einmal 30 Zentimeter pro Sekunde. Der Wanderer kann daher im Modell das Sonnensystem mit Überlichtgeschwindigkeit durchreisen. Dabei legt er mit jedem Schritt eine Million Kilometer zurück. Die sechs Kilometer lange Wanderung beginnt an der Sonne, die sich gegenüber dem Parkplatz an der Pröbstinger Allee befindet. Die Planeten Merkur, Venus, Erde und Mars folgen maßstabsgetreu in kurzen Abständen. Weiter geht es mit den Planeten Jupiter, Saturn, Uranus und Neptun und zum Zwergplaneten Pluto.

An den einzelnen Himmelskörpern gibt es Informationen und Wissenswertes nachzulesen. Ob zu Fuß oder mit dem Rad, leichter ist der Kosmos nicht zu erkunden. Ideal nicht nur für Amateur-Astronomen, sondern auch für das Wochenende mit den lieben Kleinen. Für Kinder und Jugendliche gibt es eine Planeten-Rallye. Wer möchte, kann an einem Planeten-Quiz teilnehmen. Nebenbei geht man an dem schönen und gepflegten Pröbstingsee spazieren. Außengastronomie, Bootsverleih und ein sehr gepflegtes parkähnliches Gelände lohnen den Besuch zusätzlich.

Kontaktadresse:

Sternfreunde Borken e.V.
Van-Coeverden-Weg 4a
46325 Borken
Tel.: 02861-64840
www.sternfreunde-borken.de
www.planetenweg-borken.de

Die Station Sonnenkugel auf dem Planetenwanderweg in Borken

Dreistadienblick

Der Tippelsberg

Nein, eine Halde ist der Tippelsberg eigentlich nicht. Wohl eher ein natürlicher Berg, der durch Boden- und Bauschutt künstlich erhöht wurde. Er liegt im Norden der Ruhrstadt Bochum, zwischen den Stadtteilen Riemke, Grumme und Bergen, nahe der Grenze zu Herne.

biet im Bochumer Norden. Nicht nur zu besonderen Ereignissen am Jahreswechsel, wenn der Berg als Basis für Silvester-Raketenstarts dient oder für das Feuerwerk zur Cranger Kirmes, ist der Tippelsberg Ziel vieler Besucher. Er bietet schöne Wege zum Wandern, Radwege zum Mountainbiking, Plätze zum Drachensteigen und die Gelegenheit, das Ruhrgebiet aus der Vogelperspektive zu betrachten. Vom Gipfel aus geht bei klarer Sicht der Blick bis zu 80

Der Tippelsberg ist geologisch betrachtet einer der letzten Ausläufer des Ardey-Gebirges. Während der 1980er und 1990er Jahre wurde die Erhebung als Deponie für Bau- und Bodenschutt verwendet. Unter anderem ist der Aushub vom U-Bahn-Bau in Bochum hier aufgeladen worden. Dadurch erreicht der Gipfel heute eine Höhe von 150 Meter über dem Meeresspiegel; eine für das eher flache mittlere Ruhrgebiet beachtliche Höhe. Die Schuttdeponie wurde 2007 versiegelt und renaturiert. Seitdem ist der Tippelsberg ein interessantes Naherholungsge-

Blick vom Tippelsberg auf die Halde Hoheward mit dem Horizontobservatorium in Herten

Blick auf die Ruhrgebiets-Skyline vom Bochumer Tippelsberg

Kilometer weit in das Ruhrrevier. Wenn der Wettergott (Achtung Wortwitz!) mitspielt, bietet sich die wohl einmalige Gelegenheit, gleich drei Stadien großer Traditions-Fußballvereine des Ruhrgebiets zu sehen: die Plätze des VfL Bochum, Borussia Dortmund und Schalke 04.

Eine weitere Besonderheit des Tippelsberges ist der gepflasterte Gipfelplatz mit einem liegenden Gipfelkreuz. Das aus Steinkörben mit Sitzauflagen gestaltete Kreuz weist mit seinen Armen in die vier Himmelsrichtungen. Die Wege zu den Ausgängen im Norden und Süden sind mit unterschiedlichen Bodenbelägen wie Kiesel, Splitt, Mulch und Schotter gestaltet, darunter gibt es auch einen Weg der Riesen und einen Weg der Kinder.

Anreise:

Der Tippelsberg
Tippelsberger Straße,
Höhe Zillertalsrtraße
44807 Bochum-Riemke

A 40, Ausfahrt Bochum – Zentrum, Richtung Herne, nach etwa 2,2 Kilometer rechts auf Tippelsberger Straße.

Mehr als nur ein Haufen Steine

Das Felsenmeer in Hemer

Schwimmflossen, Badehose und Surfbrett können zu Hause bleiben, wenn sie das Felsenmeer in Hemer besuchen wollen. Ohne Schnorchel tauchen Sie ein in eine wild zerklüftete Landschaft aus Felsen und kleinen Höhlen. Direkt am Rand der sauerländischen Stadt Hemer befindet sich eines aus geologischer und archäologischer Sicht bedeutendsten Geotope Deutschlands, das Felsenmeer. Hier, in der nördlichsten Karstlandschaft der Republik fühlt sich der Besucher wie in einem Märchenland aus einer vergangenen Zeit und erwartet, jeden Moment einer Fee oder einem Kobold zu begegnen. Die Erklärung für dieses Naturschauspiel aus einer riesigen Ansammlung kleiner und großer Felsen, Schluchten und Verwerfungen ist bis heute nicht völlig geklärt. Fest steht lediglich, es war nicht die lange Zeit angeschuldigte Zwergensippe in Hemer, die im felsigen Erdreich nach allem schürfte und grub, was glitzerte. Obwohl, es ist schon etwas dran an der Geschichte. Die Gegend ist eines der ältesten Abbaugebiete von Eisenerz in Westfalen. Schon vor tausend Jahren wurde hier nahe der Oberfläche hochwertiges Eisenerz abgebaut, und die Kumpels von damals waren schon etwas kleiner als die aus der heutigen Zeit. Zu sehen sind alte Schachtöffnungen, Stollenmundlöcher und Halden, die auf das frühere Bergbaugeschehen hinweisen. Auch Verkarstungsvorgänge sollen für die Bildung der bizarren Felslandschaft eine Rolle gespielt haben. Aufgrund seiner Erscheinungsform wird das Felsenmeer in drei Teile eingeteilt: Das Große Felsenmeer im Nord-

Im Felsenmeer Hemer sieht man den Wald vor lauter Steinen nicht

westen, das Kleine Felsenmeer im Süden und das Paradies im Südosten. Zusammen erstrecken sich die Teile 700 Meter in der Länge und 100 bis 200 Meter in der Breite. Eine Brücke und ein befestigter Steg machen das felsige Gebiet zugänglich. Von dort aus hat der Besucher einen faszinierenden Einblick in die bizarre Felslandschaft. Ebenso von dem runden Besucherplateau, das in die Landschaft hineinragt. Das Felsenmeer selbst ist rund um die Uhr frei zugänglich und der Besuch der beeindruckenden Felsenformationen ist kostenlos. Einen Einblick in die Geschichte des Felsenmeeres vermittelt das Felsenmeermuseum. Es zeigt Fakten, Bilder und Legenden zur Entstehung des Felsenmeers. Besuchergruppen und Schulklassen können außerdem an sachkundigen altersgerechten Führungen (etwa 1,5 Stunden Dauer) teilnehmen. Das Felsenmeer in Hemer – mehr als nur ein Haufen Steine.

Kontaktadresse:

Felsenmeer Hemer
Felsenmeerstraße 32
58675 Hemer
Telefon 02372-61549
www.hemer.de

Alpenromantik im Westmünsterland

die Anholter Schweiz

Eine Modeerscheinung des 19. Jahrhunderts war die Alpenromantik, die sich als Folge des Alpentourismus über Kunsthandwerk, Literatur und Malerei bis in die Gartenkunst verbreitet hatte. Damals wurden die Alpen gerne mit den schönen Bildern des Bergwaldes verbunden. In dieser Zeit erbaute 1893 Fürst Leopold zu Salm-Salm im Stil eines englischen Landschaftsparks eine Nachbildung des Vierwaldstätter Sees mit dem Schweizer Häuschen und einer Felsenlandschaft. Sie sollte den Fürsten und seine Gemahlin Eleonore an ihre Hochzeitsreise erinnern.

Um in der niederrheinischen Landschaft den Eindruck einer Bergwelt hervorzurufen, wurden Hügel angeschüttet und mit Baumgruppen bepflanzt. An den Uferbereichen bildeten die Handwerker naturnah – wie in der Schweiz, Felsformationen nach. Gestein und Holz musste mühsam mit Schiff und Pferdekarren aus der Schweiz an den Niederrhein geschafft werden. Auch Kalkstein aus dem Steinbruch Dornap bei Wülfrath fand Verwendung. Ein künstlicher See wurde angelegt und in dessen Mitte eine Insel aufgeschüttet. Darauf bauten Anholter Schreiner ein Chalet, das Schweizer Häuschen. Eine Schweizer Chalet Fabrik hatte es 1893 entworfen und die dekorativen Bauteile wie Metallbeschläge, Türen, Fensterrahmen, Balkongeländer und hölzernen Zierrat geliefert. Zum 100-jährigen Jubiläum wurde der unter Denkmalschutz stehende englische Garten mit seinen alpinen Staffagen zum 56 Hektar großen Biotopwildpark erweitert. Eine der Attraktion ist der Anholter Bärenwald. Weiter begegnen dem Besucher im Park Wölfe, Luchse, Dammwild, viele Vogel- und Entenarten, Wildkatzen und Wildschweine. Hirsche, Rehe, Ziegen und Esel sind fast handzahm und dürfen von den Kindern gefüttert werden. Der Park ist für einen Familienausflug bestens geeignet.

Kontaktadresse:

Biotopwildpark Anholter Schweiz
46419 Isselburg/Vehlingen
Pferdehorsterstraße 1
Tel.: 02874-45355
www.anholter-schweiz.de

Blick über die Nachbildung des Vierwaldstättersees auf das Schweizer Häuschen

Urlaubssehnsucht nach Italien? Warum in die Ferne schweifen, wenn man mediterranes Flair quasi auch vor der Haustür genießen kann. Wer Lust auf einen Kurzurlaub in der Toskana hat, fährt in die Eifel – genauer gesagt in die »Eifel-Toskana«. Im Süden der Gemeinde Blankenheim liegt eine versteckt gelegene, herrliche Landschaft, wo der Gedanke an Italien unweigerlich aufkommt.

Im Lampertstal wachsen Bäume und Sträucher, die wegen ihrer Wuchsform auch »Zypressen des Nordens« bezeichnet werden

Komm ein bisschen mit nach Italien ...

Toskana-Gefühl in der Eifel

Hier stehen auf den Hügeln nämlich keine Buchen, Eichen oder Fichten, hier wachsen Wacholderbüsche, die beinahe aussehen wie Zypressen und deshalb »Zypressen des Nordens« genannt werden. Inmitten des Wacholder-Schutzgebietes Lampertstal liegt der Kalvarienberg. Von seinem 517 Meter hohen Gipfel hat man einen herrlichen Ausblick über die sanften Hügel der Dollendorfer Kalkmulde bis zu den Vulkankegeln Hoher Acht und Nürburg. Eine Wanderung rund um das Lampertstal ist im Frühling zur Blütezeit der Orchideen, Küchenschellen und Schlüsselblumen ein ganz besonderes Erlebnis.

Anfahrt zum Lampertstal:

Autobahn A1, Abfahrt Blankenheim, B 51 nach Blankenheim. Auf der B 258 in Richtung Ahrhütte. Abzweigung nach Dollendorf nehmen. Abstecher über Schloßthal. Weiter bis Dollendorf. Nun Richtung Ripsdorf. Nach der Brücke über den Lampertsbach zum Wanderparkplatz Wacholderweg. Dort gibt eine Karte Auskunft über das Gebiet mit Wandervorschlägen.

4

Heiliger Bim Bam
Wunderliche Kirchen

Zwischen Himmel und Erde

Die Kletterkirche in Mönchengladbach

Wer erinnert sich nicht an das erste Klettergerüst auf dem Spielplatz, an den ersten Stein oder an den ersten Baum, auf den er als Kind geklettert ist? Von dem Gedanken, ein Hindernis zu überwinden sind heute immer mehr Erwachsene fasziniert. Klettern ist eine der angesagten Trendsportarten für Jung und Alt. Das geht am besten in einer Kletterhalle, weil hier die Einschränkung durch die Tageszeit entfällt und Wohn- oder Arbeitsort meist näher liegen als die natürlichen Klettergebiete. Ob als Profi Grenzerfahrungen ausloten oder als Anfänger erste Eindrücke sammeln, ob alleine, zu zweit oder als Firma/Verein hoch hinaus und tief hinab.

Indoor-Klettern bietet für jeden eine passende Herausforderung. Kletterhallen gibt es inzwischen viele, einzigartig ist die Kletterhalle im Mönchengladbacher Stadtteil Waldhausen. Hier erklimmen Sie ihre hohen Ziele in einer Kirche. Die ehemalige Pfarrkirche St. Peter ist heute ein 1.300 Quadratmeter großes Kletterparadies für Groß und Klein. Die Kirche wird mit Wandhöhen bis zu 13 Metern allen Anforderungen gerecht, für Einsteiger oder Fortgeschritte.

Der Boulderbereich. Hier wird an einer niedrigen Wand seilfrei, quasi ohne Netz und doppeltem Boden geklettert

Immer Richtung Himmel: Indoor-Klettern in der ehemaligen Pfarrkirche St. Peter in Mönchengladbach

Hier kann jeder zwischen Kirchenschiff und Sakristei die Wand hochkraxeln. Für die Unerschrockenen gibt es sogar eine Mutprobe: das Abenteuer über die Plank. Hierbei handelt es sich um einen Pendelsprung aus ca. 8,50 Meter Höhe in die Kletterhalle hinein mit anschließendem Ausschwingen. Das Ganze natürlich angeseilt, der Gast soll ja wiederkommen. Viel passieren kann eigentlich auch nicht, denn von einem Mosaik hinter der Kletterwand aus kontrolliert Petrus das Geschehen im ehemaligen Gotteshaus.

Auf der Empore befindet sich der Boulderbereich. Hier wird an einer niedrigen Wand seilfrei, quasi ohne Netz und doppeltem Boden, auf Absprunghöhe über Sportmatten geklettert. Außerdem gibt es einen Außenbereich mit Slackline, eine Art Schlauchband zum Balancieren und eine Riesenleiter. Neben verschiedenen Tarifen und Kursen für Anfänger, Fortgeschrittene, Familien, Schulklassen und Vereine findet jeden Donnerstag ab 18 Uhr ein offener Klettertreff statt.

Kontaktadresse:

Kletterkirche Mönchengladbach
Nicodemstr. 36,
41068 Mönchengladbach
Tel.: 02161-4613960
www.kletterkirche.de

Mutprobe für Unerschrockene: Das Abenteuer über die Plank. Ein Pendelsprung aus ca. 8,50 Meter Höhe in die Kletterhalle hinein mit anschließendem Ausschwingen

Zwei Schiffe und ein Turm

Die Simultankirche St. Johannes Baptist in Rödgen

Im Jahre 1328 wurde die Pfarrkirche St. Johannes Baptist in Rödgen erstmalig urkundlich genannt. Mit ihrer exponierten Lage ist sie landschaftsbeherrschend und weithin sichtbar. Der Name Rödgen bedeutet Rodung oder gerodeter Platz. Das besondere Merkmal der Kirche ist ihre doppelte Verwendung. Als Simultankirche wird sie seit 1651 sowohl von evangelischen als von den katholischen Christen genutzt. Das Gotteshaus wurde im Jahre 1778 wegen Baufälligkeit abgebrochen und an seiner Stelle entstand in den Jahren 1779 bis 1782 die heutige Evangelische Kirche, die noch simultan genutzt wurde.

Es gab aber viele Streitigkeiten unter den beiden Konfessionen. Insbesondere wegen der im Sinne des evangelisch-reformierten Kirchenbaus erfolgten Gestaltung des Altarraumes, die dem katholischen Liturgieverständnis tiefgreifend entgegenstand. Aus diesem Grund ordnete die Regierung an, die Katholiken sollten sich eine eigene Kirche bauen. Daraufhin wurde in den Jahren 1787 bis 1788 eine neue katholische Kirche errichtet. Aber nicht etwa, wie sonst oft geschehen, an einem anderen Standort. Das neue Gotteshaus entstand gegenüber dem evangelischen Kirchenschiff auf der westlichen Seite des Turms, sodass dieser sich jetzt, von beiden Konfessionen benutzt, in der Mitte befand.

Diese Art der Lösung zeugt von der Vernunft und Kompromissbereitschaft der Menschen damals. Wer aber daraus folgert, Simultankirchen seien der ideale Ort zur Verwirklichung von Ökumene, der irrt. Zumindest früher entbrannte oft Streit um eine gerechte Teilung der Kirche.

Inzwischen hat man gelernt, besser miteinander auszukommen. Weil es sich um eine seltene Nutzung von Kirchen handelt, gibt es in Nordrhein-Westfalen nur noch drei weitere Simultankirchen: die LVR-Klinikkirche in Langenfeld, die Stiftskirche in Fröndenberg an der Ruhr und den Altenberger Dom im Bergischen Land.

Die zwei berühmtesten Simultankirchen sind die Geburtskirche in Bethlehem und die Grabeskirche in Jerusalem. Die Grabeskirche wird sogar von sechs christlichen Konfessionen genutzt.

Kontaktadresse:

Doppelkirche St. Johannes Baptist der Ev. Ref. und Kath. Pfarrei Rödgen
Rödgener Str. 107 und 107a
57234 Wilnsdorf-Obersdorf

In der Nähe:

Plästerlegge im Rothaargebirge

Ins Hochdeutsche übersetzt heißt die Plästerlegge Plätscherfelsen. Der 20 Meter hohe Wasserfall ist der höchste von Nordrhein-Westfalen. Das Naturschauspiel befindet sich wenige hundert Meter von der Straße entfernt im Wald des Bestwiger Ortsteils Wasserfall. Nach dem freien Fall fließt das Wasser noch mehrere hundert Meter als wilder Sturzbach durch ein steiles Tal.

Panorama-Erlebnis-Brücke in Winterberg

Die außergewöhnliche, 435 Meter lange Brückenanlage führt über die Winterberger Bobbahn, die Winterberger Sommerrodelbahn und den Winterberger Bikepark. So kann man neben dem Bergpanorama des Rothaargebirges den Sportlern von oben zusehen.

Ganz schön schräg

Die fünf schiefen Turmhauben

Der schiefe Turm von Pisa ist wahrscheinlich der berühmteste aller schiefen Türme, aber sicher nicht der einzige. Auch in Nordrhein-Westfalen befinden sich einige Türme in Schieflage. Genau gesagt ist hier nicht das Mauerwerk des Turmes selbst schief, wohl aber der Turmhelm, auch Turmhaube genannt. Fünf schräge Gestalten und ein Vielfaches an Ursachen-Theorien über deren Schlagseite sind in Nordrhein-Westfalen aus dem Lot: die schiefen Turmhauben der Kirchen Alt St. Thomae in Soest, der St.-Georgs-Kirche in Hattingen, der St. Johannes-Kirche in Delbrück, der Pfarrkirche St. Pankratius in Sundern-Stockum und der gedrehte Turmhelm der Basilika St. Lambertus in Düsseldorf.

Das Bibelwort, *Was krumm ist, soll gerade werden,* hat ausgerechnet vor Ort keine Wirkung gezeigt. Auf die Frage, wie es dazu kommt, dass diese Turmhauben so krumm und schief gen Himmel emporragen, gibt es sehr unterschiedliche Antworten.

Der verdrehte Turm der St.-Georgs-Kirche auf dem Kirchplatz in Hattingen

Da sind zuerst die aus der Gruppe Sagen und Dichtungen. Schuld war hier wieder einmal der Teufel, der aus Wut über den Neubau der Kirche deren Turm kurzerhand verdrehte. Ein anderes Mal habe der germanische Göttervater Wotan aus Ärger hätte so Rache genommen. Teufel, Wotan, Rache – oder doch Pfusch am Bau? Bauexperten haben da ihre eigenen Ideen.

In Soest ist durch Holzuntersuchen erwiesen, das Schäden im Gebälk der Turmhaube Ursache der Schiefstellung ist. In anderen Fällen wird angenommen, die Bauweise sei beabsichtigt gewesen, damit die Holzkonstruktion sich gegen den Wind stemmt und der Turm nicht heruntergeweht wird. Auch die Absicht des Bauherren, den Turm bewusst schief zu bauen, damit er, im Falle seines Einsturzes nicht auf das Kirchenschiff, sondern auf ein Wohnhaus fällt, wird diskutiert. Das war nämlich einfacher (und billiger) wieder aufzubauen. Weitere Theorien für die schräge Bauweise sind Konstruktionsfehler und feucht verbautes Holz, das sich immer zur trockenen Seite verzieht. Welche Überlegung auch die richtige ist, die Neigung der Turmhauben wird immer ein kleines Rätsel bleiben.

Vom schiefen Turm in Soest wird gesagt, dass der Wind das Bauwerk schief gerückt habe; tatsächlich sind wohl eher Schäden im Gebälk die Ursache

darüber, dass der Kirchturm sich vor dem Lauf der Sonne verneigt, einen Bann ausgesprochen – seitdem sei der Turm schief. In einer anderen Aussage wird behauptet, ein schlecht bezahlter Zimmermann

Bei einer Erneuerung des Turmhelm der St. Lambertus Kirche in Düsseldorf wurde vermutlich zu frisches Holz benutzt, wodurch sich das Dach verdrehte. Als infolge der Schäden des Zweiten Weltkriegs das Dach wieder erneuert wurde, baute man es auf Wunsch der Bevölkerung wieder verdreht auf

St. Mokka

Die Schmugglerkirche

Gibt es einen heiligen Mokka? Vielleicht ein seltener Eifelheiliger? Nein, das ist der Spitzname der Pfarrkirche St. Hubertus in dem Eifeler Örtchen Schmidt. Der heutige Stadtteil von Nideggen in der nördlichen Eifel war vor 70 Jahren Schauplatz einer der grausamsten Schlachten des Zweiten Weltkrieges. Die Front zwischen der Wehrmacht und der amerikanischen Armee verlief gegen Ende des Krieges mehrmals durch den Ort. Bei der sogenannten Allerseelenschlacht im Jahre 1944 wurden das ganze Dorf und die Kirche zerstört. Um zu überleben, schmuggelten die meisten Männer aus Schmidt nach dem Krieg Kaffee aus Belgien über die Grenze.

Mit diesem nicht ganz legalen und höchst gefährlichen Broterwerb konnten die Männer damals in einer Woche mehr verdienen als vor dem Krieg in einem ganzen Jahr. Grund dafür war die hohe Kaffeesteuer in den ersten Nachkriegsjahren. Dank des Schmuggels der braunen Bohnen an der Aachener Kaffeefront ging es dem Ort mit dem deutschen Familiennamen bald wieder besser und die Menschen konnten ihre Häuser wieder aufbauen. Fast alle – bis auf den Pfarrer des Ortes. Dem fehlte das Geld für den Wiederaufbau seiner Kirche. Etwas angesäuert hielt der Kirchenmann von der Kanzel eine Gardinenpredigt. Inhaltlich soll er etwa gesagt haben: »Merkwürdig ist das! Ich weiß ganz bestimmt, dass ihr, meine lieben Pfarrkinder, so viel Geld habt, dass ihr Kopfschmerzen bekommt. Bei mir aber ist es umgekehrt: Ich habe Kopfschmerzen vor lauter Schulden und bekomme davon noch graue Haare!«

Die Standpauke verfehlte ihre Wirkung nicht. Seine Schäfchen füllten daraufhin mit einer großen Summe den Opferstock. Damit konnte St. Hubertus wieder aufgebaut werden. Seither heißt die Kirche nur St. Mokka oder Schmugglerkirche. Ach ja, die Kaffeesorte, die damals geschmuggelt wurde, hieß *Mokka Turc*, was den Beinamen der Kirche erklärt.

Kontaktadresse:

Katholische Kirchengemeinde
St. Hubertus
Heimbacher Straße 2
52385 Nideggen-Schmidt
www.st-hubertus-schmidt.de

Zwei in Einem

Die Doppelkirche Schwarzrheindorf

Doppelkirche, was ist das denn? Wurden hier zwei Kirchen aufeinandergepfropft? Nein, hier befinden sich nicht, wie häufig fälschlicherweise angenommen, zwei Kirchen übereinander. Es ist, besser gesagt eine Kirche, die aus zwei Geschossen besteht. Aber jedes mit einem Kirchenraum und eigenem Altar. Die Ursache für den Namen Doppelkirche ist ihre frühere Nutzung, der der Wunsch des Kirchenstifters nach einer sozialen Abgrenzung zugrunde lag. Im oberen Bereich der Kirche betete die Hautevolee, das gemeine Volk faltete im Erdgeschoss die Hände zum Gebet. Eine Öffnung zwischen Ober- und Unterkirche gestattete dem Burgherren gute Sicht auf sein Fußvolk, blieb ihnen aber selbst verborgen. Die Oberkirche ist der Gottesmutter, die Unterkirche dem Heiligen Clemens geweiht. Die Doppelkirche in Schwarzrheindorf ist kunsthistorisch weltweit bekannt. Besucher schwärmen von St. Maria und St. Clemens als der Sixtinischen Kapelle des Nordens.

Blick von der Unterkirche durch die achteckige Öffnung auf die Decke der Oberkirche

Kontaktadresse:

Doppelkirche Schwarzrheindorf
Dixstraße 41
53225 Bonn
Tel.: 0228-461609
gemeinden.erzbistum-koeln.de

5 Gastlich schräge Lokale

In die Tonne gehauen

dasparkhotel im Bottroper Bernepark

"Geh mir aus der Sonne!«, sagte der Kyniker Diogenes, der Philosoph in der Tonne, als Alexander der Große versprach, ihm jeden Wunsch zu erfüllen, den er aussprechen wolle. Man muss aber kein griechischer Philosoph sein, um in einer Tonne zu wohnen – oder zumindest in einer Tonne zu übernachten. Die Tonne ist in diesem Fall ein umgewandeltes Kanalrohr. Das steht oder besser liegt gemeinsam mit vier weiteren Röhren in Bottrop-Ebel in einer großzügigen Parkanlage eines ehemaligen Klärwerks. Die fünf Röhren bilden zusammen *dasparkhotel*.
Die Idee, die hinter dieser ungewöhnlichen Herberge steckt, ist einfach: Die Reservierung erfolgt im Internet, den Zugangscode erhält man per SMS, jeder Gast zahlt so viel, wie er für richtig hält. Oder so viel, wie er sich leisten kann. Höchstens drei Tage darf er in der Röhre schlafen, dann muss er Platz für den Nächsten machen. Auf der Emscherinsel hat der österreichische Künstler Andreas Strauss einen Ort für Alltagsflüchtlinge geschaffen. »Wer seine Ruhe haben will, kann ins Rohr gehen«, erklärt er sein Werk.

Schlafen in einem Abwasserrohr? Nicht jedes Kanalrohr ist eine stinkende und schmutzige Angelegenheit. Von außen betont schlicht gehalten, bieten die Beton-Schlafröhren im Innern unerwartet großen Komfort. Mit 3 Meter Länge und 2,40 Metern Durchmesser kann man sogar darin stehen. Wer allerdings einen Fernseher oder die Minibar nicht missen möchte, ist hier fehl am Platz. Eine Rezeption, Speisesaal oder Wellness-Bereich sucht man ebenso vergeblich wie Dusche oder Toilette. Dafür umgibt die Schlafröhre den Gast schützend wie ein Kokon und schnell stellt sich eine gemütliche, ja fast kuschelige Ruhe ein. Krönung des Übernachtungserlebnisses ist der schöne Blick durchs Bullauge in den Himmel über dem Ruhrgebiet; sozusagen ein Hotelzimmer mit tausend Sternen.
Für die notwendigen Bedürfnisse steht dem Rohrbewohner ein WC-Container im Wäldchen hinter den Röhren zur Verfügung. Alle anderen hotelspezifischen Einrichtungen wie Duschen, Minibar und Cafeteria befinden sich im nahen Umfeld. Im Winter ist *dasparkhotel* geschlossen, ohne Heizung wird es

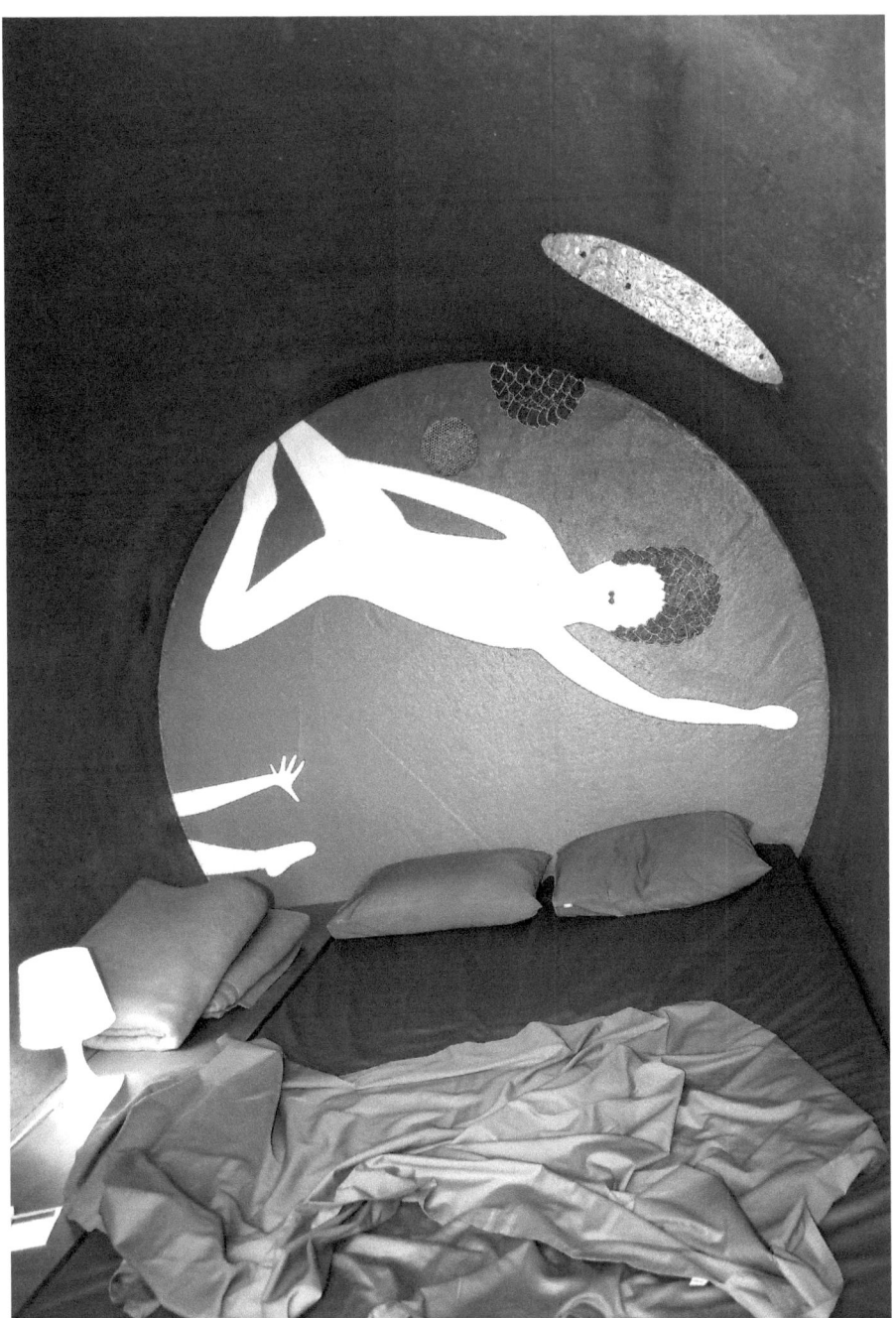
Ein Bett, eine Ablage und ein Nachttischlämpchen. Hotelzimmer der anderen Art auf der Emscherinsel im Bottroper Bernepark

in den Röhren wohl ein wenig zu frostig. Gezahlt wird das, was den Gästen die Übernachtung wert war – empfohlen wird aber ein Betrag von 20 Euro, um die Reinigungskosten decken zu können. Gebucht werden kann von Frühling bis Herbst. Damit sollte aber nicht zu lange gewartet werden, denn die Nächte im Kanalrohr sind schnell ausgebucht, das Hotel meldet dann: Volles Rohr! Dasparkhotel *bernepark* liegt auf der Emscherinsel in Bottrop-Ebel unmittelbar an den überregionalen Fuß- und Radwegeverbindungen Emscherweg und Kanaluferweg.

Kontaktadresse:

Parkhotel im Bernepark
Ebelstr. 25a
46242 Bottrop
Tel.: 02041-3754 - 840
www.dasparkhotel.net

Mit dem Auto:

A 42 bis Ausfahrt Bottrop-Süd. Abbiegen auf die Essener, später Borbecker Straße. An der nächsten Ampel der Beschilderung zum Bernepark folgen.

Ruhe im Rohr! Im Parkhotel können Gäste in die Röhre gucken

Sakrales Ambiente für weltliche Genüsse: Die ehemalige evangelische Martini-Kirche in Bielefeld beherbergt heute das Restaurant Glückundseligkeit

In die Kirche zum Brunchen

Das Restaurant GlückundSeligkeit

Immer weniger Gläubige machen in Deutschland immer mehr Kirchen überflüssig. Darum müssen viele Gemeinden ihre Gotteshäuser aufgeben. Was tun mit einer Kirche, in der niemand mehr beten will? Wenn sie nicht verfallen oder abgerissen werden soll, braucht sie eine neue Bestimmung. In vielen Gemeinden gab man sich in den letzten Jahren erfinderisch und funktionierte verlassene Gotteshäuser um. So wurden aus Kirchen Wohnungen, Kitas, Kletterparcours, Fitnesscenter, Sparkassen oder – ein Restaurant. Mit gutem Essen gegen Leerstand und Verfall. Aber kann man dort essen und entspannen, wo sich früher Gottesdienstbesucher zum Gebet trafen und den Predigten ihres Pfarrers zuhörten? Und überhaupt, wie wird aus einer Kirche ein gastronomischer Betrieb?
Ein gelungenes Beispiel ist die ehemalige evangelische Martini-Kirche

in Bielefeld-Gadderbaum, die schon seit den 1970er Jahren keine evangelische Pfarrkirche mehr war. Von 1975 bis 2002 war das Gotteshaus an die Griechisch-Orthodoxe Gemeinde verpachtet worden. Nach einem zweijährigen Leerstand wurde das ehemalige Gotteshaus zu einem Gastronomiebetrieb umgebaut und beherbergt seit 2005 das Restaurant *Glück und Seligkeit*. Durch das Fehlen des Altars und weiterer charakteristischer Merkmale einer Kirche, prägt allein die Mischung aus sakraler Architektur und moderner Inneneinrichtung auf spektakuläre Weise das Ambiente.

Die Kirche bleibt zwar im Dorf. Aber es gibt jetzt Alkohol statt Weihwasser und es wird geschlemmt statt gebetet

Abendessen statt Abendmahl im Restaurant Glückundseligkeit

Kontaktadresse:

Restaurant Glück & Seligkeit
Artur-Ladebeck-Straße 57
33617 Bielefeld
Tel.: 0521-5576500
www.glueckundseligkeit.de

In der Nähe:

Nachdem man sich überzeugt hat, dass es Bielefeld wirklich gibt: Der Bunker Ulmenwall, ein Treffpunkt für Musik-, Literatur- und Kunstfreunde der verschiedensten Generationen und Nationalitäten.

Rheinblick mit Flaschenbier und Plastikstuhl

Das Aschlöksken am Duisburger Südpol

Gerade noch in Duisburg, quasi am Südpol der Stadt, liegt die Gartenwirtschaft Aschlöksken. Nur ein paar Meter weiter befindet man sich schon in Düsseldorf-Wittlaer. Gastronomisch gesagt, gewissermaßen an der Grenze von Pils und Alt. Das Wirtshaus ist ein beliebtes Etappenziel für Radfahrer, die zwischen Duisburg und Düsseldorf am Rhein entlang fahren. Hausherr und Wirt Karl-Heinz Schwenke ist gelernter Einzelhändler und wohnt mit der Familie direkt neben dem Biergarten. Er hat das Geschäft von seinem Vater übernommen. Auf dem Schild über dem Eingang steht nur das Wort Gartenwirtschaft. Schwenke mag es gerne einfach, so wie seine Gäste. Jeder holt sich seine Getränke selbst und bringt die leeren Flaschen oder Gläser nach Gebrauch wieder zurück. Ebenso die Sitzgelegenheiten. Bei schönem Wetter werden Plastikstühle aus dem Schuppen von den Gästen eigenhändig zum Rheindeich ge-

Treffpunkt für Gäste mit unkompliziertem Geschmack: Der Biergarten Aschlöksken am Duisburger Südpol mit exklusivem Rheinblick

Das Aschlöksken ist ein beliebter Stop auf einer Radtour zwischen Düsseldorf und Duisburg

nichts mit dem ähnlich lautenden und allseits sehr beliebten Schimpfwort zu tun hat. Es sind hier auch noch keine Arsch-löksken gesehen worden, sondern nur nette Leute. Das Wort schreibt sich ohne R und leitet sich von Ascheloch ab. Hier befand sich in vergangener Zeit ein kleiner Anlegehafen. Zur Zeit der Kohle-Schifffart haben die Schiffe, die von den Duisburger Stahlwerken kamen, dort ihre Asche abgeladen. So entstand der Name Ascheloch. Das urige Lokal am untersten Zipfel Duisburgs ist nicht ganz so leicht zu finden. Von Duisburg-Serm aus ist es per Fahrrad nur durch die Felder erreichbar. Mit dem Auto nur von Düsseldorf-Wittlar aus. Weshalb kurioserweise auch die tägliche Post von einem Düsseldorfer (!) Boten gebracht wird.

schleppt. Dort sitzen sie dann in mehreren Reihen nebeneinander. Beim *Schiffe-Gucken* oder *Bootwatching* wie es die Einheimischen nennen, kann der Ausflügler dann bei Bier, Limo, Kuchen oder Würstchen über den seltsamen Namen des Biergartens nachdenken. Wirt Karl-Heinz Schwenke erklärt dann gerne, dass das Wort Aschlöksken

Kontaktadresse:

Gartenwirtschaft
Aschlöksken
Am Hasselberg 290
40489 Duisburg
Tel.: 0203 -7577595

Die etwas andere Übernachtung

Kurzurlaub hinter Schloss und Riegel

Wer es darauf anlegt, eine Nacht in einer Gefängniszelle zu verbringen, der muss schon eine mittelschwere kriminelle Tat begehen. Das zieht zwangsläufig äußerst unangenehme Konsequenzen mit sich. Wesentlich angenehmer und ohne juristische Folgen ist ein Kurzaufenthalt im ehemaligen Gefängnis im alten Amtsgericht der Stadt Petershagen. Hier, im *Alcatraz der Weser*, stehen dem Hobby-Panzerknacker drei Zellen mit je einem Etagenbett und eine Zelle mit drei Etagenbetten zur Auswahl.

Ein Hauch von Freiheit: Höhepunkt des eintönigen Knastlebens ist der Freilauf auf dem Gefängnishof

Das Leben beginnt in einer Zelle – manchmal endet es auch dort ...

Das 1913 gebaute Gefängnis, in dem einst Bösewichte ihre Strafen absitzen mussten, wurde 1978 geschlossen. Lange Zeit diente es der Lagerung von Grundbüchern. Ab 1993 bauten die Mitglieder eines gemeinnützigen Vereins das Gefängnis so um, dass es den Bedürfnissen der heutigen Zeit entspricht, ohne jedoch den dürftigen Charme der ehemaligen Nutzung zu verlieren. So hat das alte, traditionsreiche Gebäude heute eine neue Bestimmung und neue

Kein Fernseher, kein Internet, noch nicht einmal eine Minibar. Im alten Amtsgericht Petershagen gibt es eine Übernachtungsmöglichkeit für alle, die einmal etwas Uriges erleben und für kurze Zeit auf Luxus verzichten wollen

Insassen. Ein kleiner, aber nicht ganz unerheblicher Unterschied zu den alten Zeiten besteht beispielsweise darin, dass die Zellen von innen verschlossen sind und jederzeit verlassen werden können. Trotzdem sind die Sträflinge von einst stets präsent – zum Beispiel in den alten Inschriften, die sie in die Wände geritzt haben.

Machen Sie eine Knastprüfung mit Verhaftung, Verhandlung und Knastanzug. Erleben Sie richtiges Knast-Feeling hinter dicken Mauern, schweren Türen und vergitterten Fenstern. Kein Handy, um 5.50 Uhr Wecken, Malzkaffee und Marmeladenbrot.

Kontaktadresse:

Gefängnis im Alten Amtsgericht
Mindener Straße 16
32469 Petershagen
Tel.: 05707-800120
www.rast-im-knast.eu

Themenzimmer frei!

Das Landhotel Beverland

Ein Hotelzimmer muss nicht immer nur aus vier Wänden, einem Bett und einem kleinen Bad bestehen. Haben Sie schon einmal in einem Segelboot übernachtet, das in einem Hotelzimmer steht? Oder haben Sie schon einmal Ihr geliebtes Motorrad in Ihrem Hotelzimmer abgestellt – selbstverständlich auf einem Asphalt-Boden, schliefen Sie jemals in einem Minicooper oder majestätisch wie zu König Ludwigs Zeiten?
Wo kann man sich betten wie Prinzessin Lillifee, James Bond oder Sissi, die junge Kaiserin? In den Weltmetropolen New York und London wahrscheinlich oder im elitären Düsseldorf? Nein, im eher braven Münsterland. Das Landhotel Beverland im beschaulichen Ostbevern bietet seinen Gästen ein Übernachtungsereignis der besonderen Art. Individuell eingerichtete Themenzimmer warten darauf, entdeckt zu werden.

Schlafen neben dem Feuerstuhl. Im Landhotel Beverland ist das möglich

Sie verwandeln eine normale Hotelübernachtung in eine Zeitreise. Von aufregend über märchenhaft bis gemütlich besitzt jeder Raum seinen einzigartigen Charakter und entführt den Gast in eine Welt der Fantasie. Die Themenzimmer im Landhotel Beverland sind ein Gesamtkunstwerk und zum Schlafen fast zu schade.

Kontaktadresse:

Landhotel Beverland
Beverlandplatz 1
48346 Ostbevern
Tel.: 02532-95680
www.hotel-beverland.de

In der Nähe:

Das Schiefe Haus

Das Schiefe Haus in Tecklenburg wurde anno 1693 von einer Weberfamilie errichtet und zeitweise von zehn Personen bewohnt. Es ist ein typischer Dreiständerbau für die Wohnweise von Tagelöhnern und Handwerkern. Durch die sorgfältige Restaurierung konnte ein Beispiel eines heute weitgehend verschwundenen Bautyps erhalten bleiben. Heute ist das Schiefe Haus ein historischer Blickfang an der (Achtung, Wortwitz!) Krummacherstraße. Besuchen Sie das Schiefe Haus und testen Sie ihren Gleichgewichtssinn.

Im Landhotel Bervernland übernachtet der Gast in einem original 16er Jollenkreuzer

Da guckste, wa?
Außergewöhnliche Museen und Ausstellungen

Das ist alles nur geklaut

Museum Plagiarius in Solingen

Wer kennt es nicht, das Lied *Alles nur geklaut* der Leipziger A-cappella-Gruppe Die Prinzen. Hier heißt es »... denn das ist alles nur geklaut, das ist alles gar nicht meine, das ist alles nur geklaut, doch das weiß ich nur ganz alleine«.

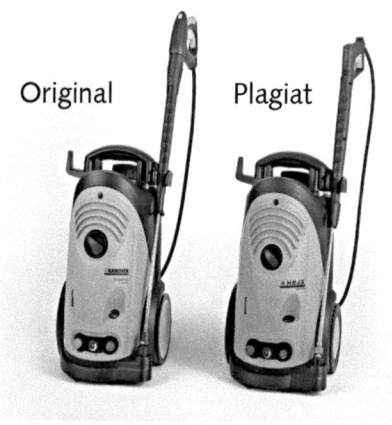

Original — Plagiat

Damit ein Plagiat eben kein Geheimnis bleibt, zeigt das Museum Plagiarius im Südpark der Stadt Solingen die Sammlung der Aktion Plagiarius von 1977 bis heute. Ziel ist es, die Öffentlichkeit über Ausmaß, Schäden und Gefahren von Plagiaten und Fälschungen aufzuklären. Die Ausstellung soll das Bewusstsein dafür schärfen, dass die skrupellosen Geschäftspraktiken der Fälscher enorme Schäden in der Industrie anrichten. Denn das Geschäft mit Plagiaten und Fälschungen boomt – auch dank viel zu geringer Strafen. Leichtgläubige Schnäppchenjäger und das Internet ermöglichen den Fälschern milliardenschwere Gewinne.

Die Sammlung zeigt mehr als 350 Originale und Plagiate aus unterschiedlichen Branchen im direkten Vergleich.

Die Exponate dokumentieren, dass nicht nur Luxusartikel, sondern mittlerweile Produkte aller Branchen von Produkt- und Markenpiraterie betroffen sind. Über Schneid- und Haushaltwaren, Möbel, Leuchten und Sanitärprodukten zu Bekleidung, Schmuck, Medikamente und Kinderspielzeug bis hin zu Sanitärprodukten, Werkzeugen, Automobilzubehör und technisch komplexen Maschinen und Geräten. Ergänzt wird die Sammlung durch vom Zoll beschlagnahmte Fälschungen, wie Zigaretten, Parfum, Bekleidung, Sportartikel, Medikamente etc.

Auch wenn die Verlockung groß ist: Jede Kopie ist und bleibt eine Kopie – billig, plump und peinlich – und teils sogar gefährlich. Also: Nein sagen zu Produkt-Fälschungen!

Original Plagiat

Kontaktadresse: Museum Plagiarius e.V., Bahnhofstraße 11,
42651 Solingen,Tel.: 0212-2210731, www.infomuseum-plagiarius.de

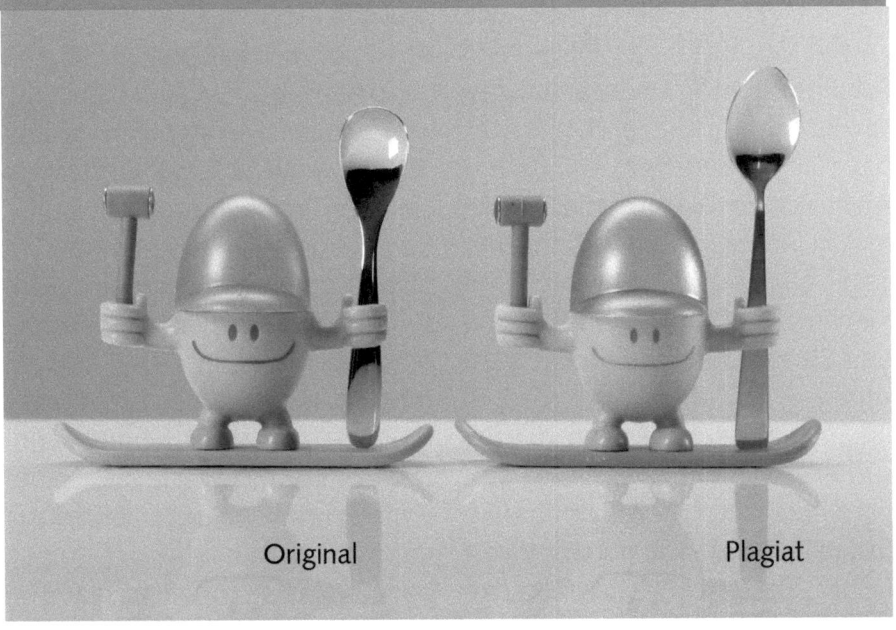

Original Plagiat

Fünf, setzen!

Das Schulmuseum in Bergisch-Gladbach

Das Klassenzimmer ist ausgestattet wie zu Kaisers Zeiten. In den engen Bankreihen auf dem geölten Holzfußboden riecht man förmlich den Schulalltag aus der vergangenen Zeit. Durch den strengen Lehrer Lämpel oder Fräulein Lehrerin lernt man noch das Beten, aufrecht Sitzen, Kopfrechnen, Schönschreiben und Sprechen in ganzen Sätzen.

An den Wänden hängen die Bilder von Kaiser Wilhelm II. und seiner Frau Auguste Viktoria. Rohrstock und Ranzen, Schule damals, wie zurzeit um 1900 – im Bergischen Schulmuseum können Schulklassen einen historischen Unterricht hautnah nacherleben.

Aber auch Familien haben Einblicke in die Unterrichtswelt vergangener Tage. Hier erleben Sie mit ihren Kindern, wie Opa und Oma, Uropa und Uroma zur Schule gegangen sind.

Im Schulmuseum können die Besucher durch die Ausstellung stöbern, die hölzernen Schulbänke testen und in den Schulheften von früher blättern. Das Schulmuseum Bergisch-Gladbach trägt den Zusatz Carl Cüppers. Ohne Carl Cüppers (1920 – 2008) gäbe es das Schulmuseum Bergisch Gladbach nicht. Als Schulrat des Rheinisch-Bergischen Kreises hatte er ab 1968 angefangen zu sammeln. Er rettete Schulwandbilder, Mobiliar, Lehr- und Lernmittel, Bücher und Zeugnishefte vor dem Verschwinden in den Depots oder auf dem Sperrmüll.

Im Laufe der Jahre kam eine umfangreiche schulgeschichtliche Sammlung zusammen, die inzwischen mehrere Tausend Exponate, Archivalien, Fotos und Schulbücher umfasst. Die zum Schulgebäude gehörende frühere Lehrerwohnung zeigt eine Dauerausstellung zur Geschichte der Schulen im Bergischen Land von der Reichsgründung im Jahr 1871 bis zur Auflösung der einklassigen Volksschulen im Jahr 1968. Der 1893 aufgestockte Klassenraum im Obergeschoss wird für Sonderausstellungen genutzt.

Neben Lehrmitteln können auch Kuriositäten entdeckt werden, wie eine Laterna magica und ein Stereoskop, mit dem man Fotografien dreidimensional betrachten kann. Das Museum gehörte bei seiner Eröffnung zu den ersten seiner Art und zählt auch heute noch zu den bedeutendsten in Deutschland.

Im alten Klassenraum des Schulmuseums in Bergisch Gladbach kann der Besucher noch einmal die Schulbank drücken

Kontaktadresse:

Schulmuseum Bergisch-Gladbach
Kempen Str. 187
51467 Bergisch Gladbach,
Tel.: 02202-84247
www.das-schulmuseum.de

In der Nähe:

Schloss Augustusburg in Brühl

Schloss Augustusburg zählt mit seiner Architektur, seinem Garten und dem in seiner unmittelbaren Nähe liegenden Schloss Falkenlust zu den bedeutendsten Schöpfungen des Rokoko und Barock in Deutschland. Durch die Harmonie zwischen den architektonischen und plastischen Gestaltungen, der Malerei und den von Bosketten umringten Schlosspark gilt das Schloss als ein Gesamtkunstwerk von Weltgeltung. Seit 1984 sind beide Schlösser zusammen mit dem Schlosspark UNECO- Welterbestätten.

Des Rätsels Lösung

Das Puzzlemuseum Bochum

Ringe und Stäbe entknoten, Holzfiguren auseinandernehmen und wieder zusammenbauen, ein chinesisches Tangram entschlüsseln, Bälle in den Handflächen verschwinden lassen, Kartentricks, Zauberwürfel und Puzzle in allen Formen. Das Puzzleum in Bochum ist für seine Besucher ein Ort mit vielen Rätseln. Mit dem Wort Puzzle ist nämlich nicht nur das Spiel mit den vielen

Einzelteilen gemeint, puzzlen bedeutet übersetzt *rätseln*.
Das Puzzleum befindet sich im Foyer des Theater Zauberkasten in Bochum-Gerthe. Das Museum ist das Erste und seit seiner Eröffnung 1999 nach wie vor auch das einzige seiner Art in Deutschland. Robinson, der Museumsdirektor, ist zugleich auch Zauberer. Er hat über 800 verschiedene Rätsel- und Geduldsspiele gesammelt und stellt diese im Puzzleum aus. Die Kinder sehen ihm beim Zaubern und Rätseln begeistert zu.

Aber Robinson begeistert auch die Erwachsenen, die sich, wie die Kinder, mit beharrlichem Ehrgeiz in den Geduldsspielen versuchen. Denn das Allerbeste im Puzzleum ist, dass Eltern und Kinder vieles selbst ausprobieren und nach Herzenslust knobeln, grübeln und rätseln dürfen. Zum Schluss bekommt noch jeder ein Puzzle in Form eines Bastelbogens für zuhause mit auf den Weg und man ist sich einig: In diesem Museum hätte man noch Tage verbringen können. Die Ausstellung ist geeignet für Kinder ab dem 4. Schuljahr.

Kontaktadresse:

Puzzleum im Kulturmagazin Lothringen
Lothringer Straße 36c
44805 Bochum
Tel.: 0234-866235
www.puzzleum.de

mondo mio!

Das Kindermuseum im Westfalenpark

Was hat das Mädchen Siboniwe in Südafrika, die Jahr für Jahr einen längeren Weg zum Brunnen zurücklegen muss, mit den Orangen im Supermarkt zu tun? Warum muss Miguel aus Brasilien mit seiner Familie wegen der bei uns heiß begehrten Hamburger umziehen? Wie klingen Musikinstrumente aus der Karibik oder was tragen Kinder in Indien und womit spielen Kinder in Afrika? Mit den eigenen Sinnen entdecken und erfahren – das geht nur im mondo mio!

Man muss keine große Reise machen, um Abenteuer in anderen Ländern zu erleben. Das Kindermuseum mondo mio! führt kleine und große Besucher auf eine Reise durch die ganze Welt. Viele spannende Spiel- und Mitmachstationen zeigen, wie Kinder in anderen Ländern leben. Wie fühlt es sich an, Wasser aus einem Brunnen zu holen? Wie lebt es sich ohne Stromversorgung? Was tun, wenn es kein Spielzeug zu kaufen gibt? Das alles und vieles mehr kann man bei mondo mio! nicht nur entdecken, sondern auch selbst ausprobieren.

In der Ausstellung begegnen die Besucher Kindern aus aller Welt, die aus ihrem Alltag erzählen. Anhand von Dingen, die aus unserem Leben nicht mehr wegzudenken sind, zeigen sie, wie unser Alltag mit ihrem Leben verbunden ist. Daneben bieten Sonderaustellungen, Lesungen und Workshops ein vielfältiges Programm für Kinder ab fünf Jahren und ihre Eltern. In der Ausstellung WELTENKINDER können auch die Jüngsten von 3-6 Jahren mit ihren Familien auf Entdeckungsreise gehen. Außerdem bietet mondo mio! tolle Kindergeburtstage und ein vielseitiges Programm für Kindergruppen und Schulklassen. Die besondere Lage im Westfalenpark ermöglicht es, rund um den Museumsbesuch viel Grün und attraktive Freizeitangebote für jeden Geschmack zu genießen! Mondo mio! ist ein Ort zum Staunen, Lachen und Nachdenken, zum Anfassen, Mitmachen und Begreifen!

Kontaktadresse:

mondo mio! Kindermuseum
im Westfalenpark
Florianstr. 2
(Nähe Parkeingang Ruhrallee)
44139 Dortmund
Tel.: 0231-5026127
www.mondomio.de

In Siegen grüßen die Beatles als aufblasbare Puppen, als Pappkameraden, als Bravo-Starschnitt und als Marionetten

Love Me Do !
im Esszimmer

Das kleinste Beatles-Museum der Welt

Penny Lane in Liverpool, Abbey Road in London, Eleanor Rigbys Grab oder Strawberry Fields – das sind Orte, die für die berühmteste Band aller Zeiten stehen: die Beatles. Aber warum hat die erfolgreichste Gruppe der Musikgeschichte eine Adresse in Siegen?
In Geisweid, einem Stadtteil der Stadt Siegen, hat Harold Krämer in zwei privaten Räumen das kleinste öffentlich zugängliche Beatles-Museum eingerichtet. So steht es auch im Guinness-Buch der Rekorde 2000. Der Weg dorthin begann vor zwanzig Jahren: Schallplatten sammeln hieß das Virus, von dem Harold Krämer infiziert war. Von Siegen bis nach Frankfurt, von Münster bis nach Bonn – kaum eine Schallplattenbörse fand ohne ihn statt. Mittlerweile umfasst seine Sammlung über 17.000 Tonträger, vorwiegend Schallplatten aus den 60er Jahren. Irgendwann wurde die Wohnung zu klein. Die rettende Idee lag nah. Bereits als 15-jähriger war Krämer, selbst Gitarrist und Sänger meh-

rerer Musikgruppen, ein riesiger Beatles-Fan. Was lag also näher, nur noch Beatles Schallplatten und Souvenirs zu sammeln.

Mit viel Leidenschaft hat er dann in den letzten Jahren in seiner Wohnung auf 27 Quadratmeter Fläche seine Beatles-Welt eingerichtet. Mit vielen seltenen Filmplakaten und Verkaufspostern, wie etwa dem original Plakat der Bravo-Beatles-Blitztournee, Autogrammen von John, Paul, George und Ringo, der Butcher-Cover LP, der sogenannten Grönland-Pressung der Beatles, und, und, und.

Die Gäste sind einfach nur begeistert und manch einer hat wieder angefangen, sich Beatles-Songs anzuhören oder Fanartikel zu sammeln. Viele von ihnen kommen aus dem Ruhrgebiet, aber auch den Beatles-Fans im Ausland ist das Museum in Siegen bekannt. Die bunte Sammlung wächst und wächst. Schon heute müssen sich die Museumsgäste wie Slalomläufer um die Exponate schlängeln. Aber genau deswegen bekommt Harold Krämer irgendwann ein Problem. Er müsste sein Museum vergrößern. Jedoch schon der Gedanke an eine Vergrößerung durch die Besetzung eines weiteren Raumes wird von seiner Frau im Keim erstickt. Außerdem wäre dann der Status kleinstes Beatles-Museum der Welt weg – und vielleicht auch seine Frau.

Kontaktadresse

Das kleinste Beatles-Museum der Welt
Sohlbacher Straße 24
57078 Siegen
Tel: 0271 8909770
www.the-beatles.de

Wenn der Groschen fällt ...

Das Deutsche Automatenmuseum in Espelkamp

Das Deutsche Automatenmuseum im ostwestfälischen Espelkamp ist eine international einmalige Sammlung historischer Münzautomaten. Von der Jukebox bis zum Kicker umfasst die Kollektion der Unternehmerfamilie Gauselmann zurzeit etwa 1.800 Exponate aus aller Welt. Davon werden rund 200 oftmals einzigartige Objekte in einer Dauerausstellung gezeigt. Die Ausstellung präsentiert alle Aspekte aus der Welt der münzbetriebenen Automaten. Musikboxen, Geschicklichkeits- und Geldspielautomaten sind ebenso ausgestellt wie Jahrmarkt- und Schaustellautomaten, Sport-, Spiel- und Unterhaltungsautomaten. Auch mit dabei sind natürlich die legendären Flipper und die Einarmigen Banditen. Die Ausstellung verschafft dem

Die verschiedenen Musikautomaten im Deutschen Automatenmuseum zeigen den Musikgeschmack der jeweiligen Zeit

Besucher einen faszinierenden Einblick in ein wichtiges Stück Kultur-, Industrie- und Wirtschaftsgeschichte. Die Exponate spiegeln in puncto Technik und Zeitgeschmack den Wandel der Zeiten. Unter den historischen Automaten befinden sich zahlreiche Kuriositäten. Das älteste Gerät der Ausstellung ist von der Firma Stollwerck und stammt aus dem Jahr 1888. Es heißt Rhenania, hat die Form eines Elefanten und verkauft Schokolade. Begonnen hat die Geschichte der Sammlung Gauselmann aber mit der amerikanischen Musikbox AMI B aus dem Jahre 1948. Die nächsten Automaten wurden bei Auktionen weltweit ersteigert. Bereits nach zwei Jahren umfasste die Sammlung über 400 Exponate.

Nach dem Erwerb einer umfangreichen Sammlung eines deutschen Automaten-Herstellers Ende 2001 wurde das Museum Gauselmann in Deutsches Automatenmuseum umbenannt. 2007 ergänzte das Museum seinen Bestand mit weiteren 650 einzigartigen Automaten aus dem Besitz von Jean-Claude Baudot, Paris.

Lassen auch Sie sich im Deutschen Automatenmuseum fesseln von dem Erfinderreichtum und dem wunderschönen Design der verschiedenartigsten historischen Automaten.

Die Decap Roboter Band, bestehend aus Drummer, Saxophonist und Akkordeonspieler, ist ein Highlight des Deutschen Automatenmuseums in Espelkamp

Kontaktadresse:

Deutsches Automatenmuseum
Sammlung Gauselmann
Schlossallee 1
32339 Espelkamp
Tel.: 05743 93182-21
www.deutsches-automaten-museum.de

In der Nähe:

Die größte Zigarre der Welt im Deutschen Tabak- und Zigarrenmuseum in Bünde

Kostüme der Geheimgesellschaft Egungun. Egungun sind die Geister der Ahnen

Ein Stück Afrika im Ruhrgebiet

Das Soul of Africa Museum in Essen

Ekstatische Tänze, unkonventionelle Opfergaben und völlige Hingabe: Der Voodoo-Kult fasziniert durch seine Vielseitigkeit und enorme Anpassungsfähigkeit. Aber – Voodoo mitten im Ruhrgebiet? Das Soul of Africa Museum, in Essen-Rüttenscheid unweit des Folkwangmuseums gelegen, ist ein im Jahr 2000 eröffnetes, privat geführtes Museum afrikanischer Kunst. Der Fokus liegt auf dem Thema Voodoo, Heilung und Ahnenkult in Westafrika. In einem unscheinbaren Altbau zeigt der Ethnologe Henning Christoph eine weltweit einzigartige Sammlung kultischer Zeugnisse der Vodun-Religion.

Die meisten Menschen kennen zwar den Begriff Voodoo, wissen darüber hinaus aber nicht viel mehr, als ihnen aus den gängigen Horrorfilmen bekannt ist, in denen Vodounangehörige irgendwelche Namen murmelnd mit Nadeln auf ein Püppchen einstechen. Genau diesem von Hollywood indoktrinier-

ten Fehlklischee widerspricht Museumsbetreiber Henning Christoph mit seiner Ausstellung; Schaden anzurichten ist nicht Sinn des Vodun, sondern immer das Heilen und die Harmonie. Seinen Besuchern bietet das Museum die einmalige Gelegenheit, sich über die mehr als 4000 Jahre alte Religion zu informieren.
Hier wird die Kunst der Voodoo-Kultur in ihrer gesamten Breite widergespiegelt. Im Rahmen der *Kulturhauptstadt 2010* wurde das SOA-Museum in das kulturelle Marketing-Konzept der Stadt Essen integriert.

Kontaktadresse:

SOUL OF AFRICA MUSEUM
Rüttenscheider Strasse 36
45128 Essen
Tel.: 0201-787640
www.soul-of-africa.com

Der grosse Mami Wata Altar mit 41 Wassergeistern

Die Narrenmühle im Viersener Stadtteil Dülken am linken Niederrhein ist eine geschlossene Bockwindmühle. Das ursprünglich drehbare, kastenförmige Mühlenhaus ruht auf einem Bock, der mit einem runden Steinbau eingefasst ist. Die 1809 erbaute Windmühle gilt als Wahrzeichen von Dülken. Bis 1950 war sie als Kornmühle in Betrieb, bekundet durch die bei der Mühle liegenden Mahlsteine. Im selben Jahr wurde die Mühle an die Dülkener Narrenakademie, die berittene Akademie der Künste und Wissenschaften und die erleuchtete

Helau!

Das Narrenmuseum in der Narrenmühle in Dülken

Mondsuniversität abgegeben. Die Narrenakademie hat eine lange Tradition. Ihre Mitglieder waren früher hauptsächlich Akademiker, Kaufleute und Stadträte. Vor mehr als 450 Jahren, zur Zeit des mehr als drei Jahre dauernden, auf Veranlassung von König Sigismund abgehaltenen Konstanzer Konzils (1414-1418) verkündete Herzog Adolf II., dass »... nun die Bürger unserer getreuen Stadt Dülken des Narrentums nicht länger ledig gehen wollen und eine bürgerliche Akademie gründen.« Erst um 1554 fand die proklamierte Gründung der erleuchteten Monduniversität (*Illuminata universitas lunaris*) tatsächlich statt, an der Hofnarren zu akademischen Graden kommen konnten.

Am Elften im Elften reiten die Dülkener Jecken alljährlich auf hölzernen Steckenpferden um ihre Narrenmühle und eröffnen damit die Dülkener Karnevalssession. Der Ritt um die Mühle kann als Tradition bis ins 18. Jahrhundert zurückverfolgt werden. Die weltweit absolut einzigartige Vereinigung betreibt im unteren Teil der Mühle ein Narrenmuseum. Hier sind alte Orden, Fahnen, Hüte und Bücher als Zeugnisse der langen Geschichte der Dülkener Narrenakademie ausgestellt. Auch ein Stück Mondgestein, welches vom Ehrenmitglied Armstrong persönlich zur Verfügung gestellt wurde, ist hier zu besichtigen.

Im oberen Teil der Mühle, im sogenannten Weisheitssaal, halten die Narren ihre Sitzungen ab; hier finden die Treffen der Senatoren statt. Die Narrenakademie ist die einzige Gesellschaft, die den niederrheinischen Humor wissenschaftlich prägt. Höhepunkt im akademischen Leben ist nach wie vor die Ernennung zum Dr. humoris causa.

Kontaktadresse: Narrenmühle, Waldnieler Straße 53 c, 41751 Viesen-Dülken
Tel.: 02162 55226, www.narrenakademie.de

Die Welt der alten und neuen Säcke

Das Sackmuseum in Nieheim

Von der Wiege im Strampelsack bis zur Bahre im Leichensack – der Sack begleitet den Menschen ein Leben lang. Er ist eines der ältesten Transportbehälter der Menschheitsgeschichte. Schon im Alten Testament wird er erwähnt. Bis heute begegnen wir ihm überall. Je nach Einsatz besteht er aus Kunststoffgewebe, Folien, Papier, Leinen, Kokos, Baumwolle, Jutegewebe oder aus Kombinationen daraus.

Hilfsgüter werden in Säcken befördert. Sandsäcke werden zum Schutz vor Hochwasser eingesetzt. Die meisten Agrarprodukte werden in Säcken transportiert. Industriebetriebe sacken ihre Produkte ein. Und was wären die Haushalte ohne Müllsäcke und Autos ohne Airbag? Das Sackmuseum in Nieheim zeigt in drei Etagen Säcke – Beutel – Tüten, jeweils themenbezogen mit Hinweisen zur Geschichte. Es informiert über tausendundeinen Sack,

Im Sackmuseum Nieheim findet der Besucher Säcke, Beutel und Tüten jeweils themenbezogen zugeordnet, mit Hinweisen zur Geschichte

Wäschesäcke in allen Varianten. Omas Unterhose auf der Wäscheleine wurde auch scherzhaft Schinkensack *genannt. Ja, ja, früher musste man die Unterhose wegschieben, um den Hintern zu sehen. Heute muss man den Hintern wegschieben, um die Unterhose zu sehen*

vom alten Leinensack bis hin zum modernen Airbag und Boxsack von Vitali Klitschko. Außerdem sind eine Sackflickerwerkstatt und Sackklopfmaschinen ausgestellt. Finden Sie heraus, woher der Ausdruck *Geh' mir nicht auf den Sack!* kommt und warum der Ausdruck *Sackgesicht* hier im Museum eine ganz andere Bedeutung bekommt ... Mit einem fröhlichen Augenzwinkern begegnen Ihnen der Lachsack und manchmal auch ein fauler Sack. Man(n) oder Frau ist nach dem Besuch der Ausstellung überrascht, in welchen Lebenssituationen oder zu welchen Gelegenheiten auch alte Säcke noch zu gebrauchen sind.

Kontaktadresse:

Museum im Kornhaus -
Sackmuseum
Wasserstr. 6,
33039 Nieheim
Tel.: 05274-953630
www.sackmuseum.de

Burg der Bilderbücher

Das Bilderbuchmuseum auf Burg Wissem

Das Bilderbuchmuseum der Stadt Troisdorf ist ein einzigartiges Spezialmuseum. An keinem anderen Ort in Europa werden künstlerische Bilderbuchillustrationen, historische und moderne Bilderbücher sowie Künstlerbücher ausgestellt. Die Geburtsstunde des Museums schlug 1982, als der Troisdorfer Kaufmann Wilhelm Alsleben der Stadt seine Sammlung mit über 300 historischen Bilderbuch-Originalillustrationen sowie zahlreichen Lithosteinen, Holzdruckstöcken und einigen Tausend modernen Bilderbüchern schenkte. Seitdem wurde die Ausstellung durch Ankäufe und Schenkungen systematisch erweitert.

Heute präsentiert das Museum auf drei Stockwerken neben den eigenen Sammlungen ein interessantes und vielseitiges Wechsel-Ausstellungsprogramm. Dazu gehören auch viele Workshops und Ferienaktionen rund ums Bilderbuch. Außerdem werden Konzerte und Lesungen durchgeführt. Eine besondere Attraktion ist neben einer medizinischen Kinderbuchsammlung die weltweit größte Janosch-Ausstellung. Hier erleben die Besucher Tigerente, Bär und Co. aus allen Schaffensperioden des Künstlers in immer wieder neuen Zusammensetzungen.

Im obersten Turmzimmer der Burg können es sich die Kinder gemütlich machen und nach Herzenslust schmökern. Kleineren Kindern bietet das Spielzimmer Raum zum Bauen und Toben. Die idyllische Lage der Burg Wissem in einem Park mit Wildgehegen und Abenteuerspielplatz am Rande eines weitläufigen Naturschutzgebietes zwischen Köln und Bonn machen das Museum zu einem beliebten Ausflugsziel für Jung und Alt.

Auf der Burg Wissem befindet sich Europas einziges Spezialmuseum für künstlerische Bilderbuchillustration, historische und moderne Bilderbücher sowie Künstlerbücher

Kontaktadresse:

Bilderbuchmuseum der
Stadt Troisdorf, Burgallee 1
53840 Troisdorf
Tel.: 02241-8841-427
www.museum@troisdorf.de

In der Nähe:

In der Nähe der Troisdorfer Innenstadt, rund um das einzigartige Bilderbuch-Museum in der Burg Wissem, liegt im Stadtpark gleich neben den Tiergehegen das *Erfahrungsfeld der Sinne*. Ob Jung oder Alt, Groß oder Klein, hier kann jeder einen spannenden Erkundungsgang mit Auge, Nase, Ohr, Haut und Tastsinn unternehmen. Es dreht sich alles um die Aktivierung der sinnlichen Wahrnehmung. Anfassen und Experimentieren sind ausdrücklich erlaubt. Der Park vermittelt neue Erlebnisse für alle Sinne. Besucher, Gruppen und Schulklassen können jederzeit, oder auf Voranmeldung im Rahmen einer besonderen Führung, ihren Sinnen etwas Gutes tun und natürliche Phänomene aufspüren.

Eine Reise in die Kinderzeit

Das Kindergartenmuseum in Bergisch Gladbach

Was haben der Zollstock, die Normschrift der technischen Zeichner und die moderne Architektur mit dem Kindergarten zu tun? Warum wurde der deutsche Begriff Kindergarten in vielen Fremdsprachen übernommen?
Warum wurde die beliebte Kinderbeschäftigung der Erbsenarbeiten Anfang des 20. Jahrhunderts faktisch verboten?
Was haben Paul Klee und Wassily Kandinsky mit dem Kindergarten zu tun?
Was haben die Geheimdienste mit dem Kindergarten zu tun?
Was hat die Raumfahrt mit dem Kindergarten zu tun?
Wenn Sie die Antworten auf diese Fragen interessieren, sind Sie im Kindergartenmuseum Nordrhein-Westfalen an der richtigen Adresse.
Nicht erst seit der Industrialisierung stellte sich für viele Eltern das Problem, Familie und Beruf in Einklang zu bringen. Dort wo Wohnen und Arbeiten räumlich auseinanderlagen, stellte sich die Frage der Betreuung der Kleinkinder. Und vielfach wurden Lösungen gefunden, die nicht zum Wohle der Kinder waren.
Kindgerechtere Lösungen wurden den Eltern mit der Einrichtung von Kinderbewahranstalten, Kinderkrippen und Kleinkinderschulen Anfang des 19. Jahrhunderts und mit dem Kindergarten ab 1840 geboten. Die Anfänge der öffentlichen Kinderbetreuung und ihre Entwicklung bis heute zeigt das 2004 gegründete Kindergartenmuseum in seiner Dauerausstellung. Der Besuch des Museums vermittelt darüber hinaus eine Zeitreise durch die politischen, wirtschaftlichen und kulturellen Entwicklungen in den letzten 200 Jahren.
Handgemachtes Holzspielzeug, selbst gebastelte Autos aus Pullmoll-Dosen, handgeschnitzte Figürchen aus Kriegszeiten und hölzerne Schubkarren. Puppenstuben, alte Spiele und Kinderbücher, Bauwagen, Bagger, Flugzeug, Käthe-Kruse- und Schildkröt-Puppen, Trachten der Betreuerinnen, der Tanten oder Fräuleins, kleine Stühlchen und Topfbänkchen, auf denen der eine oder andere kleine Popo mal nötig musste – der Besuch des Museums ist auch eine Zeitreise zurück in die eigene Kindheit und

Kleidung der Erzieherinnen und Erzieher von früher bis heute

in den Kinderasylen, Kleinkinderbewahranstalten, Kinderkrippen und Kinderpflegeanstalten der vergangenen Zeit. Bei der Betrachtung wird dem Besucher bewusst, dass am Anfang das Betreuen und Verwahren der kleinen Kinder im Vordergrund stand.
Das Spiel, das die Entwicklung der Kinder begleitet und auch Erwachsenen immer noch Freude bereitet, kommt im Kindergartenmuseum nicht zu kurz. So werden die Museumsführungen z. B. mit Spielen abgerundet, die Friedrich Fröbel für seinen 1840 gegründeten Kindergarten zusammengetragen hat. Als einziges Museum dieser Art in Nordrhein-Westfalen werden die Themen große Pädagogen, Ausbildung der Erzieher/innen, Krippenerziehung gestern und heute sowie Kindergarten der 1970er Jahre thematisiert.

Kontaktadresse:

Kindergartenmuseum NRW
Quirlsberg 1
51465 Bergisch Gladbach
Tel.: 02202-243640
www.kindergarten-museum.de

Dick und Doof im Bergischen

Das Laurel & Hardy-Museum in Solingen

Dick & Doof haben auch einmal deutsch gesprochen. Zu Beginn der Tonfilmzeit wurden die Filme in mehreren Sprachfassungen erstellt, also nicht nachsynchronisiert. Das und vieles mehr über die beiden Helden des Slapsticks erfährt der Besucher des Laurel & Hardy-Museum in Solingen. Hier in der Klingenstadt hat die Familie Günther mit dem in Deutschland einzigartigen Laurel & Hardy Museum den beiden Komikern eine ganz besondere Gedenkstätte errichtet.

Unter dem Motto »Ein Tag nicht gelacht, ist ein Tag nicht gelebt« lädt das Museum die Kleinen und Großen zum Schmunzeln und Staunen ein. Hier haben Dick und Doof gut lachen. Wolfgang Günther und seine Frau Vera haben Zinn-Figuren und Marionetten, Spieldosen, Uhren, Masken, Anstecknadeln, Bücher, Filmplakate, Fotos und private Dokumente in aller Welt gesammelt. Schwerpunkt der Sammlung sind die über hundert Filme des Comedy-Duos Stan & Ollie, die das Museum fast alle auf Zelluloid oder Video besitzt. Hieraus können sich die Besucher ein eigenes Programm zusammenstellen und die Filme dann mit deutschen Untertiteln auf einem gigantischen Fernsehschirm ansehen.

Viele Gäste erinnern sich beim Besuch des Museums an ihre Jugendzeit. Die Großeltern denken zurück an ihre Erlebnisse im Kino. Die nachfolgenden Generationen erinnern sich an die Siebziger und Achtziger Jahre, in denen sie sich freitagabends im Zweiten Programm in den Sendungen Väter der Klamotte und Männer ohne Nerven über die Späße des Komikerpaares amüsieren konnten.

Kontaktadresse:

Vera und Wolfgang Günther
Burger Landstraße 19
42659 Solingen
Tel.: 0212-816109
www.laurel-hardy-museum.de

Wer Georg Herrmann in seinem Privatmuseum besucht, wird schon im Vorgarten von Dinosaurier, Zebra und Krokodil begrüßt. Von der Scheunenwand blicken die beiden alten Quälgeister Statler und Waldorf aus der Muppets-Show auf die Besucher hinunter. Im Haus Safari, auch Museum der guten Laune genannt, zeigt der Museumsdirektor Interessantes und Kurioses aus aller Welt.

Ein Museum, das Kinder lieben

Das Kuriositätenmuseum Haus Safari in Lindlar

Gute Laune bekommen Eltern und Kinder bei einem Besuch des Museums garantiert. Hier entdecken sie die seltsamsten Dinge und hören von Georg Herrmann im breitesten Kölsch-Dialekt zu jedem Ausstellungsstück nicht ganz ernst zu nehmende Anekdoten.

Seit 1989 sammelt Georg „Schorsch" Herrmann Kuriositäten aller Art. So können sich Eltern und Kinder im Museum, welches in einer ausgebauten Scheune untergebracht ist, das Originalkorsett von Prinzessin Sissi ansehen oder die burmesische Gebetsmühle aus Yak-Knochen betrachten – ein Geschenk von Reinhold Messner, der Georg Herrmann im Kuriositäten-Museum besuchte. Kurios ist auch die Uhr, die in die Zukunft und die Vergangenheit geht.

Im Museum trifft der Besucher auf einen Außerirdischen, der Wasserfontänen aus einer Wanne spuckt, im Spukschrank auf ein Gespenst, das an ihm vorbeihuscht und auf einen lebensgroßen King Kong. Und bis auf das Kaugummi von Elvis Presley darf alles angefasst werden – für Kinder das Erlebnis schlechthin.

Eine weitere Attraktion sind die mechanischen Musikinstrumente, die Orchestrions. Auf Knopfdruck verwandeln sich die Figuren in singende und swingende Musiker.

Kontaktadresse:

Gemeinde Lindlar
Borromäusstraße 1
51789 Lindlar
Tel.: 02266-96-0
www.lindlar.de

Höhenluft

Das Giraffenmuseum in Dortmund

Wussten Sie, dass die Babys nicht der Klapperstorch, sondern die Giraffe bringt?
Hat eine Giraffe mehr Halswirbel als eine Maus oder ein Mensch?
Wussten Sie, dass die Zunge der Giraffe mindestens 40 cm lang ist?
Wie schläft eine Giraffe?
Wussten Sie, dass das Trojanische Pferd eigentlich eine Giraffe war?
Ist Ihnen bekannt, dass es ein Sternbild Giraffe gibt?
Wussten Sie, dass eine Giraffe meilenweit für eine Zigarette lief?
Alle Antworten können Sie im Giraffen-Museum in Dortmund-Wickede erfahren. Giraffenfahnen weisen schon von Weitem auf das ungewöhnliche Museum hin. Vor dem Haus steht eine fast sechs Meter hohe selbst gefertigte Nachbildung des größten Landtieres. Das Eingangstor ist mit einer Giraffenherde verziert und am Hauseingang begrüßt Sie eine große Betonplastik. In zehn Meter Höhe zeigen Giraffen an, aus welcher Richtung der Wind weht. Eine etwa drei Meter hohe Skulptur lässt sich im Garten mit Efeu beranken. Hinterm Haus stehen Schaukel-Giraffen. Innen ein Schachspiel mit Giraffenfiguren, Plüschgiraffen, Giraffentassen ... Das kleinste Exposé misst nur fünf Millimeter und man benötigt zur Betrachtung schon fast eine Lupe. Alle Exponate haben ihre eigene Geschichte.

Im privaten Museum von Heinz-Jürgen Preuß sind vom Keller bis unters Dach mehr als 30.000 Giraffen unterschiedlichster Materialien ausgestellt. Auch auf Bildern, Telefonkarten, Windeln, Banknoten, Kleidungsstücken und vielem mehr sind die Langhälse zu bestaunen.

Kontaktadresse:

Giraffen-Museum
Wickeder Hellweg 25
44319 Dortmund
Tel.: 0231 28 64 577

Der Galileo Park in den Sauerlandpyramiden soll ein Ort des Staunens und des Wunderns sein

Fragen und Antworten

Der Galileo Park in den Sauerland - Pyramiden

Hoch über dem Lennetal gelegen und weithin sichtbar liegen die *Sauerland-Pyramiden*. In insgesamt vier der sieben Pyramiden befindet sich der *Galileo Park*, in dem auf unterhaltsame und doch anspruchsvolle Art und Weise Wissen vermittelt und Interesse an neuen Themen geweckt wird. Dabei präsentiert der Galileo-Park sowohl wissenschaftliche als auch rätselhafte Themen – frei nach seinem Namensgeber, dem Querdenker Galileo Galilei.

Ziel ist es, seine Gäste und hier vor allem Kinder und Jugendliche für Naturwissenschaften und Technik zu interessieren. Das spielerische Lernen und Ausprobieren für Jung und Alt steht dabei im Zentrum des Wissens- und Rätselparks. Alles nach dem Motto: Lernen soll Spaß machen.

Die Räumlichkeiten werden nicht nur für Ausstellungszwecke genutzt, sie können auch für Seminare, Kongresse, Buchlesungen, Trauungen oder Geburtstage gemietet werden. Ergänzt werden die Ausstellungen durch Sonderveranstaltungen.

Kontaktadresse:

Galileo Park
In den Sauerland Pyramiden
57368 Lennestadt - Meggen
Telefon.: 02721-6007710
www.galileo-park.de

Im Engelmuseum in Engelskirchen hängt der Himmel voller Engel

Himmlische Sammlung

Das Engel-Museum in Engelskirchen

W"er einen Engel sucht, wird auch einen finden«, sagt ein unbekanntes Sprichwort. Ein paar mehr, nämlich rund 2000 Exponate einer bunten Mischung Himmlisches findet der Besucher im ersten deutschen Engel-Museum. Wo? Natürlich in Engelskirchen, am – na klar, Engels-Platz. Über dreißig Jahre trug Herr Johann Fischer aus Kürten-Engeldorf die laut Guinnessbuch der Rekorde, größte Engelsammlung der Welt zusammen. Diese Sammlung übertrug er 2009 nach Engelskirchen. Der extra dafür gegründete Engelverein e. V. machte sich zum Ziel, Fischers Wunsch zu erfüllen und die Sammlung einer großen Öffentlichkeit zugänglich zu machen. In der Alten Schlosserei in Engelskirchen trifft der Besucher auf Engel in allen Formen und Farben – welche aus Holz, Marmor, Ton, Gips, Kunststoff und Papier. Von Kitsch bis Kunst aus den verschiedensten Epochen.

Kontaktadresse:

Erstes deutsches Engel-Museum
Engelskirchen
Engels-Platz 7
51766 Engelskirchen
Tel.: 02263-9525885
www.engel-museum.de

Immer 1. Klasse

Der Deutschland Express in Gelsenkirchen

In der renovierten Waschkaue der ehemaligen Gelsenkirchener Zeche Nordstern in Gelsenkirchen befindet sich eine der größten computergesteuerten Märklin Modelleisenbahnen. In der Ausstellung des Deutschland-Express gehen Eltern und Kinder auf eine Entdeckungsreise. Vom Strandkorb an der Nordsee, vorbei an Hafenanlagen, Apfelbaumplantagen, Windrädern und Kraftwerken geht es in das Ruhrgebiet mit seinen Fördertürmen und Industrieanlagen. Den Rhein entlang, an Burgen, Weinbergen und Binnenhäfen vorbei, passieren Sie verschiedene Städte, eine Kirmes im Lichtermeer und den Zirkus Sarasani mit vielen Tieren und Artisten. Am Bodensee angekommen geht es weiter durch Schluchten, über große Brücken bis in die Schweiz. In zweijähriger Bauzeit wurden mit viel Liebe zum Detail lebendige Szenarien und Situationen erstellt. Viele bekannte Brücken und Viadukte wurden detailliert nachgebaut. Die Gebäude und Industrieanlagen sind nach den Originalen konstruiert. Alle Kohlehalden bestehen aus echter Kohle, die Bäume sind handgearbeitete Eigenbauten und die Gebirge wurden den Vorbildern nachempfunden. Auf der 700 Quadratmeter großen Anlage fahren mehr als 250 Züge mit über 4.000 Waggons durch die einzelnen Themengebiete. 4100 Meter Gleise, 75 Szenarien wie Bahnhöfe, Stadtteile, Industrieanlagen, über 12.000 Figuren, 5.000 Leuchten, 1.100 Gebäude, 1.750 Straßenfahrzeuge, Schiffe und Kräne und vieles mehr machen die Kulisse lebendig.

Unterwegs mit dem Deutschland Express in den Alpen

Kontaktadresse:

Der Deutschland-Express
Am Bugapark 1c
45899 Gelsenkirchen
Tel:: 0209-508 3660
www.der-deutschlandexpress.de

Vom Devon bis zur Jetztzeit. Eine ungewöhnliche Ausstellung an einem ungewöhnlichen Ort: Der Zeittunnel in Wülfrath

Im Zeitraffer durch die Erdgeschichte

Der Zeittunnel in Wülfrath

Eine Zeitreise durch 400 Millionen Jahre Erdgeschichte erleben die Besucher des Zeittunnels in Wülfrath. In einem alten 160 Meter langen Abbautunnel des Bochumer Bruchs wird jedes Erdzeitalter mit seinen charakteristischen Eigenschaften, der Entwicklung der Lebewesen, des Klimas und der Kontinentalverschiebung dargestellt. Im geologischen Zeitalter des Devon, vor etwa 400 Millionen Jahren, lagen Wülfrath und seine Umgebung im Meer. Die versteinerten Kalkskelette der Meeresbewohner bildeten den Wülfrather Kalkstein. Die niederbergische Stadt ist seit dem 19. Jahrhundert ein Zentrum der Kalksteinindustrie. Fast wie in Siebenmeilenstiefeln führt die Ausstellung den Besucher im Tunnel vorbei an neun farbigen Zeitfenstern. Modelle, Grafiken, Filmausschnitte, Diashows und Fotos machen die Entwicklung vom Devon bis zur heutigen Zeit anschaulich. Auf der Zeitreise durch das

Besucherbergwerk begegnen Sie ungewöhnlichen Lebewesen, Dinosauriern und den ersten Menschen. Kinder sind begeistert vom Gebrüll des Raubsauriers Megalosaurus, dem Abdruck des Archeopteryx oder dem Film über die Pflanzenfresser Iguanodon. Originalfossilien zum Teil aus Fundstellen der Region vervollständigen die Ausstellung. Auch über die Industriegeschichte des Kalkabbaus, die der niederbergischen Region noch heute ihren Stempel aufdrückt, ist vieles zu erfahren.

Am Ende des Zeittunnels erreichen die Besucher die Aussichtsplattformen Zeitsprung und Abhanggang. Von hier aus haben sie eine atemberaubende Panoramasicht auf die bizarren Felswände des 1958 stillgelegten Bochumer Bruchs, das der Wildnis aus Karl-May-Filmen ähnelt. Ein Highlight für die Kinder ist nach jedem Zeittunnelbesuch der Klopfplatz. Ausgerüstet mit Schutzbrille, Helm, Handschuhen, Hammer und Meißel können sie quarzhaltige Steine aus dem Kalkstein schlagen. Ihre Schätze dürfen sie dann mit nach Hause nehmen. Der Zeittunnel bietet ein umfangreiches Programm für Schulklassen und Kindergruppen. Der Zeittunnel ist rollstuhlgeeignet. Auch im Sommer ist es im Tunnel kühl, bitte eine Jacke mitbringen. Die Saison im Zeittunnel geht von Mitte April bis zum 3. Oktober, danach halten Fledermäuse ihren Winterschlaf im Zeittunnel.

Am Ende des Zeittunnels wartet auf den Besucher ein spektakulärer Blick auf die bizarre Felslandschaft des Bochumer Bruchs.

Kontaktadresse:

Zeittunnel Wülfrath
Hammerstein 5
42489 Wülfrath
Tel.: 02058-89 46 44
www.zeittunnel-wuelfrath.de

Alte Mauern und moderne Technik

Der Erlebnisaufzug Burg Altena

In malerischer Lage, hoch über der Stadt Altena, thront eine der schönsten Höhenburgen Deutschlands. Die Anfang des 12. Jahrhunderts errichtete Burg Altena ist ein Muss für alle Ritter- und Burgenromantiker. Zwei Wege führen den Besucher hinauf zu der Festung. Entweder über einen rund zwanzig-minütigen Fußweg oder mit dem Erlebnisaufzug. Der befindet sich in der Fußgängerzone und verbindet die Altenaer Innenstadt direkt mit der Burg.

Der Weg zum Aufzug führt nach Durchschreiten des großen Eingangstores zunächst einmal neunzig Meter in den Burgberg hinein. In diesem Erlebnisstollen eröffnet sich dem Besucher die Sagenwelt der Region. Hier werden mittels moderner Museumstechnik südwestfälische Legenden erlebbar gemacht. Figuren aus der Geschichte erscheinen über Wandprojektionen lebendig, und verschiedene Effekte verschaffen Gästen den Eindruck, Teile der Sagen hautnah mitzuerleben. Ob Wieland, der Schmied, der Heilige Einhard oder auch die freche Fledermaus Burghard und sein Graf Dietrich – jeder Einzelne hat unterhaltsame sowie fesselnde Geschichten für den Besucher bereit.

Am Ende des Stollens befindet sich der Aufzug, der die Besucher 80 Höhenmeter in den oberen Burghof befördert. Hier warten innerhalb historischer Gemäuer ritterliche Erlebnisse und eine imposante Museumssammlung auf den Besucher. Die erste Jugendherberge der Welt, der Kerker und der Bergfried können besichtigt werden. Von der Burg hat der Besucher eine wunderschöne Aussicht über die Dächer der Drahtzieherstadt.

Im Erlebnisaufzug Burg Altena betritt der Besucher eine andere Welt

Kontaktadresse:

Stadt Altena (Westf.)
Lüdenscheider Straße 22
58762 Altena
Tel.: 02352-5489897
www.altena.de

In der Zimmerei Holz bearbeiten, in der Seilerei ein Seil drehen, im Kräuterhaus Kräutersalz herstellen, Mehl für die Fladenbrote mahlen und das Brot über eine Feuerstelle selbst backen. Römer streifen durch das Dorf, der Bäcker, der Zimmermann, der Korbflechter, der Schmied, der Zöllner und viele andere Personen aus biblischer Zeit sind unterwegs.

Im Bibeldorf Rietberg ist der Besucher dem Alltagsleben der Bibel auf der Spur. Hier erfahren Kinder und Erwachsene nicht nur Spannendes und Wissenswertes über das Land der Bibel, sie dürfen selbst eintauchen in das Leben von damals.

Im Bibeldorf Rietberg soll mangelndes Basiswissen zu religiösen Sachverhalten verbessert werden

Leben wie Jesus

Das Bibeldorf in Rietberg

Im Ein-Raum-Haus spiegelt sich das einfache Leben vor 2000 Jahren wieder. Zurzeit Jesu lebten Mensch und Tier gemeinsam unter einem Dach. Die Häuser bestanden fast immer nur aus einem einzigen Raum. Im Nomadenlager bekommen die Besucher einen Eindruck über die Lebensweise von Abraham, Mose und ihren Zeitgenossen, die als Wanderhirten in Zeltdörfern lebten. Ihre Zelte aus Ziegenhaar ließen kaum Wasser durch und schützte vor der Sonne. Auch eine Ausgrabungsstätte ist zu besichtigen. Die Gäste erfahren hier, dass Archäologie alles andere als langweilig ist. Die letzte Station im Freilichtmuseum ist die nachgebaute Synagoge. Hier werden die jüdischen Bräuche erklärt. Gemeinsam erlebten die Jugendlichen und die Erwachsenen zum Abschluss ihres Besuches eine jüdische Sabbatfeier. Das deutschlandweit einzigartige Bibeldorf ist von Mai bis Oktober geöffnet.

Kontaktadresse:

Das Bibeldorf
Jerusalemer Straße 2
33397 Rietberg
Tel.: 05244-974974
www.bibeldorf.de

Die Reise in die Unterwasserwelt des SEA LIFE Oberhausen beginnt an den Gebirgsbächen und folgt dem Lauf des Wassers in die Nordsee.

Hai-light

Das SEA LIFE in Oberhausen

Ob Haie oder Meeresschildkröten, Quallen, Rochen, Seepferdchen, Piranhas oder Krebse, im Sea Life in Oberhausen können Besucher über 5.000 Meereslebewesen hautnah erleben. In 50 Großaquarien werden die unterschiedlichen Lebensräume der Meeresbewohner nachgebildet. Die Reise in die Unterwasserwelt des SEA LIFE Oberhausen beginnt an den Gebirgsbächen und folgt dem Lauf des Wassers bis in die Nordsee.

Ein Glanzlicht der Freizeitattraktion ist das 1,5 Millionen Liter fassende und sechs Meter tiefe Ozeanbecken, durch das ein zehn Meter langer, gläserner Tunnel führt. Ohne nass zu werden, können die Besucher grüne Meeresschildkröten, zwei Rundkopfgeigenrochen, verschiedene Haiarten und den einzigen Sägerochen Deutschlands beobachten. Im Amazonas-Bereich präsentiert das Sea Life Piranhas, Raubwelse und zahlreiche tropische Fische. Neben guter Unterhaltung will das SEALIFE Oberhausen die Besucher auch für die bedrohten Ökosysteme der heimischen Gewässer sensibilisieren. Ein weiterer Höhepunkt im Sea Life ist ein Oktopus oder Krake. Kraken gelten als die intelligentesten Weichtiere. Besondere Medienbekanntheit erreichte der Krake Paul (* 26. Januar 2008 im Atlantischen Ozean bei Weymouth, Dorset; † 26. Oktober 2010 im Sea Life Centre, Oberhausen). Kraken besitzen ein Hauptherz und zwei Nebenherzen. Zumindest eines schlug bei Paul wohl ausschließlich für den Fußball. Während der Fußball-Weltmeisterschaft 2010 sagte Paul nämlich acht Spielergebnisse richtig voraus. Er verhalf dem Sea Life Oberhausen damit zu Weltruhm und wurde durch seinen Fußballverstand zum meist gefeierten Meerestier seit Moby Dick. Am 26. Oktober 2010 starb Paul an Altersschwäche. Eine zwei Meter große Statue und Pauls Ecke im Naturschutzraum des Aquariums erinnert an das Orakel Paul.

Anfang November 2010 bezog der Nachfolger Pauls sein Aquarium. Er wurde Paul II genannt. Ob er ebenfalls wie sein berühmter Vorgänger orakeln wird, ist noch unklar. Leider konnte der WM-Veteran ihn ja nicht mehr anlernen.

Kontaktadresse:

Sea Life Deutschland GmbH
Zum Aquarium 1
46047 Oberhausen
Tel.: 0208-44488410
www.sealife.de

In der Nähe:

Tiger & Turtle in Duisburg

Auf einer ehemaligen Schlackenhalde erhebt sich eine riesige Skulptur, die als begehbare Achterbahn sowohl ein beliebtes Ausflugsziel, als auch ein neues Wahrzeichen von Duisburg ist.

Von der Muschel bis zum Hai – im SEA LIFE gibt es knapp 20.000 Tiere aus über 100 Arten zu sehen.

Ist das Kunst, oder kann das weg?
Kreatives aus Nordrhein-Westfalen

Fast perfekt

Das Unperfekthaus in Essen

In einem ehemaligen Kloster mitten in der Essener Innenstadt gibt es einen Platz, der den Gast im ersten Moment vor die Frage stellt, ob er hier ein Kulturzentrum, eine Tagungsstädte, eine Kneipe, ein Café, eine Bar oder einfach nur eine Art Freizeittreff besucht. Bei näherer Betrachtung wirkt es wie ein Zuhause mit Künstlerzimmern, kuscheligen Ecken, Wintergarten und Internetzugang.

Das Unperfekthaus bietet auf 4000 Quadratmetern, über sieben Etagen verteilt, Kreativen und Schaffenden eine Plattform und dem Publikum die Gelegenheit, ihnen bei ihrer Arbeit über die Schulter zu sehen. Auf jegliche Zensur oder Vorgaben wird verzichtet. Voraussetzung ist nur, dass die Aktivitäten legal, kreativ und offen für Besucher sind. Woher kommt der Name? Im Unperfekthaus ist man der Meinung, »Je perfekter eine Umgebung, desto mehr Menschen werden zum Nichtstun verdammt. In jeder Generation gibt es einen kleinen Prozentsatz von Menschen, die auf dem Weg sind, genau das, was sie gern tun, zum Beruf zu machen. Das Unperfekthaus soll solchen Menschen Möglichkeiten geben und sie für andere sichtbar machen. Hier kann jede(r) eine Geschäftsidee ausprobieren oder versuchen, als Künstler bekannt zu werden. Ohne Miet- und Nebenkosten, mit ganz vielen kostenlosen Hilfen.«

Die Einrichtung bietet aber auch einen etwas anderen Rahmen für Tagungen, Feiern oder Firmenseminare und Veranstaltungen jeglicher Art. Ein Meeting zu zweit in der Angezogen-Sauna ist genauso möglich wie eine Betriebsfeier oder Veranstaltung mit Kunden oder Mitarbeitern auf der Terrasse über den Dächern von Essen. Das Unperfekthaus ist kein Ort für Langeweile und Routine, sondern ein in Deutschland einmaliger Platz für Kunst, Kultur und Kreativität jenseits der Alltäglichkeit – einfach perfekt.

Wer reden will, der rede – Speakers' Corner 2.0

Im Londoner Hyde Park steht das große Vorbild. Die Speakers' Corner, die Ecke der Redner. Seit 1872 darf auf einem kleinen Platz am nordöstlichen Ende des Parks jedermann seine Stimme erheben und seine persönliche Meinung sagen, natürlich nicht über das Königshaus. Hier sprachen schon Marx, Lenin und Orwell, die hatten aber mit dem Königshaus eh nicht viel am Hut. Eine Ruhrvariante, Speakers' Corner 2.0, steht in Essen, direkt in der Fußgängerzone, gegenüber vom *Unperfekthaus*. Hier kann jeder über das reden, was im wichtig ist und wer zufällig vorbeikommt, darf zuhören.

Ja, reden und zuhören, keine Blogs, keine Foren, sondern direkt dem Zuhörer gegenüber. Nein, das liegt nicht im Trend und hat wenig mit Internet und Networking zu tun. Diese Feedback-Intensität hat man aber im Internet nicht, da können die Antworten noch so schnell in die Tastatur getrommelt werden. Die Speakers' Corner ist ein Podest für den Solisten, für Gruppen oder Freundeskreise, die gerne mit Fremden diskutieren. Ob freie Auseinandersetzung oder hochkarätig besetzte Podiumsdiskussion – die moderne Speakers' Corner, mit Stromanschluss, WLAN und Leinwand gehört zum öffentlichen Raum und kann für nicht-kommerzielle Themen frei genutzt werden. Vielleicht noch ein Tipp: Wer in nächster Zeit einen Vortrag halten oder eine Präsentation machen muss, aber keine Möglichkeit zu üben hat, für den wäre die Speakers' Corner 2.0 ein ideale Ort für eine Generalprobe. Er könnte zusammen mit Freunden oder einer Gruppe einen Vortrag vor mitgebrachtem Publikum beginnen, zudem dann auch Fremde hinzukommen. Egal, über welches Thema gesprochen wird, der Redner sollte wissen, er kann sein Publikum entweder begeistern, langweilen oder gar verärgern.

Kontaktadresse:

Unperfekthaus
Friedrich-Ebert-Straße 18
45127 Essen
Tel.:0201-4709160
www.unperfekthaus.de

Strahlend

Zentrum für Internationale Lichtkunst in Unna

Im westfälischen Unna geht dem Besucher ein Licht auf. Hier, am östlichen Rand des Ruhrgebiets steht ein weltweit einzigartiges Museum, das sich ausschließlich der Lichtkunst widmet. Zehn Meter unter der Erde, in den Gewölben einer ehemaligen Brauerei, können Zuschauer erleben, wie aus Licht Kunst gemacht wird.

Lichtkunst am Kamin der ehemaligen Lindenbrauerei in Unna

Weithin sichtbar durch seinen 52 Meter in den Himmel ragenden Schornstein bietet sich dieser zeitgenössischen Kunstform tief unter der Erde eine Fläche von insgesamt 2.400 Quadratmetern. Die labyrinthischen Gänge, Kühlräume und Gärbecken der einstigen Brauerei werden nun künstlerisch inszeniert und in neue Bedeutungshorizonte überführt.

Seit die technischen Neuheiten in der Leuchtröhren- und Lichtindustrie Eingang in das künstlerische Vokabular gefunden haben, ist die Lichtkunst heute neben der Malerei, Plastik oder der Fotografie eine eigenständige Kunstgattung. Neben der Präsentation ambitionierter Dauer- und Wechselausstellungen versteht sich das neue Haus als Forum für Diskussionen, Symposien, Tagungen und Workshops zum Thema Licht.

Besucher erleben dreizehn faszinierende Lichtkunst-Räume in einer im Eintrittspreis enthaltenen, sachkundigen Führung und lernen so die Werke und Ideen der Künstler intensiv kennen.

Kontaktadresse:

Zentrum für Internationale Lichtkunst Unna
Lindenplatz 1
59423 Unna
Tel.: 02303-103752
www.lichtkunst-unna.de

Architektur des Wahnsinns

Das Junkerhaus in Lemgo

»Wenn ich erst mal 80 Jahre tot bin, werden die Menschen endlich wissen, was für ein großartiger Künstler ich war«, soll der Eigenbrötler und Sonderling Karl Junker zu den Bürgern von Lemgo gesagt haben. Nach Beendigung einer Schreiner-Lehre und dem Kunststudium an der Akademie der Bildenden Künste baute der Architekt, Holzschnitzer und Maler Karl Junker 1889 für sich und die große Liebe seines Lebens ein zweistöckiges Fachwerkhaus. Schon damals bezeichnete er es selbst als Junkerhaus. Auf die große Liebe wartete er bis an sein Lebensende vergebens. So hatte er zwanzig Jahre Zeit, das Haus nach seinen Vorstellungen zu gestalten. Hierbei dominierte Holz als Werkstoff, sowohl im Bereich der Fassade als auch bei der Inneneinrichtung. Symmetrisch angeordnete Holzelemente überziehen die Wände und Decken wie eine zweite Haut. Karl Junker beschnitzte alles, was ihm in Form von Holz in die Finger kam, einschließlich der Toilette. Kleine und kleinste Zwischenräume, die für die Schnitzmesser nicht erreichbar waren, bemalte er mit Fantasiebildern, die aus seinen Träumen entstanden.

Das Gebäude und sein Inhalt sind kunsthistorisch nur schwer einzuordnen. Seine Formensprache lässt sich als Vorläufer des Expressionismus, aber auch von Jugendstil und Historismus interpretieren. Inzwischen sind die 80 Jahre vergangen und Karl Junker wird nicht mehr als schizophrener Künstler, sondern als Vertreter der Art Brut verstanden. Das begehbare Gesamtkunstwerk aus Holz ist teilweise zu besichtigen.

Kontaktadresse:

Das Junker-Haus
Hamelner Straße 36
32657 Lemgo
Tel.: 05261-667695
www.junkerhaus.de

Seid Ihr alle da?

Das Nostalgische Puppentheater in Dortmund

Hereinspaziert, hereinspaziert in eines der schönsten Puppentheater Deutschlands. Seit zwanzig Jahren gibt es das nostalgische Puppentheater im Dortmunder Westfalenpark. Das ganze Jahr über bietet das Theater Marionettenspiele für alle Altersklassen an.

Die Kleinen haben immer ihren Spaß, aber auch Erwachsene fühlen sich in ihre Kindheit zurückversetzt, denn vieles ist im Theater wie in früheren Zeiten. Das passt zur familiären Atmosphäre des Puppentheaters. Mit viel Liebe zum Detail machen Theaterleiter Udo Wodrich und seine Mitarbeiter fast alles selbst: die Pflege und Reparatur der Puppen, das Spiel der Marionetten, das Einsprechen der Rollen. Ein reiches Repertoire von Stücken wie das Märchen vom Aschenbrödel, Hänsel und Gretel, die kleine Hexe oder Mozarts Zauberflöte bis Charles Dickens Weihnachtsmärchen, stehen auf dem Programm.

Und nicht zuletzt der komische Held des Puppentheaters mit der lustigen roten Zipfelmütze und der Pritsche, mit der er seit Generationen auf ein Krokodil eindrischt – der Kasperle. Angeschlossen ist ein kleines Figuren-Museum. Nach der Vorstellung wartet im Außenbereich der Märchenpark auf die Familien mit seinen beweglichen Figuren in ihren schmucken kleinen Häusern. Also Vorhang auf für die Handpuppen und Marionetten des nostalgischen Puppentheaters.

Kontaktadresse:

Nostalgisches Puppentheater
44141 Dortmund - Westfalenpark
Tel.: 0231-554966
www.nostalgisches-puppen-theater.de

Wo bin ich?
Des Landes äußerste Ecken

Die Skulptur Globus markiert den Nordpunkt von Nordrhein-Westfalen

Oben auf ...

Der nördlichste Punkt in Nordrhein-Westfalen

Was für den Globetrotter der Nordpol ist und für die Skandinavier der nördliche Polarkreis, ist für Nordrhein-Westfalen der Nordpunkt bei der Ortschaft Preußisch Ströhen.
Dort, wo Kühe an der Grenze zu Niedersachsen grasen, ist eine kleine Attraktion versteckt. Hier befindet sich, mitten im Grünen auf einem im 19. Jahrhundert trocken gelegten Moorgebiet, der nördlichste Punkt von Nordrhein-Westfalen.
Preußisch Ströhen ist ein Teil der Stadt Rahden im Kreis Minden-Lübbecke. Auf der anderen Seite der Grenze liegt Hannoversch Ströhen, ein Ortsteil der Gemeinde Wagenfeld im Landkreis Diepholz in Niedersachsen.
Der NRW-Nordpunkt ist nicht sofort auszumachen. Er liegt nämlich direkt unter der Achse der abstrakten Skulptur *Globus*. Die Skulptur wurde auf einer Brücke errichtet, die von NRW nach Niedersachsen reicht. Der Nordpunkt selbst liegt in einem Grenzgraben. Durch die Skulptur

wurde der Nordpunkt greifbar gemacht und die Verbindung zwischen den Ländern geschaffen. Zudem sind auf der Skulptur wichtige Punkte an Längen- und Breitengraden markiert und sie verfügt über eine zusätzliche Funktion: Bei sonnigem Wetter dient sie als Sonnenuhr. Aufgrund seiner Lage – sprich seiner relativen Nähe zum nördlichen Polarkreis – ist der NRW-Nordpunkt in Nordrhein-Westfalen der Ort mit der längsten Tageslänge zur Sommersonnenwende, bzw. der kürzesten Tageslänge zur Wintersonnenwende. Der nördlichste Punkt des Landes Nordrhein-Westfalens ist ein beliebtes Ziel für Tagestouren und wird gerne von Motorrad- und Radfahrgruppen besucht. Am Nordpunkt vorbei führt der Fernradweg Bremen-Bad Oeynhausen, die Bahn-Rad-Route Weser-Lippe sowie ein innerstädtischer Radweg.

Kontaktadresse:

Mooorter Birkenweg
32369 Rahden

Heimatfreunde Preußisch Ströhen e.V.
Dalgeweg 13, 32369 Rahden
www.preussisch-stroehen.de
www.der-nordpunkt.de

Der eigentliche Grenzstein liegt in einem Bach. Auf ihm ist die Plattform für das Denkmal befestigt

Im Nahen Osten

Der östlichste Punkt in Nordrhein-Westfalen

Wer sich den östlichsten Punkt von Nordrhein-Westfalen ganz genau ansehen möchte, der muss ein Boot besteigen oder in einen Taucheranzug schlüpfen. Dieser Extrempunkt fällt nämlich in die Flussmitte der Weser in Stahle, einem Ortsteil der Stadt Höxter im Weserbergland. Wegen dieser besonderen topografischen Situation wurde der Ostpunkt des Landes mit einer Steinstele etwa 100 Meter südlich des tatsächlichen Punktes, am Rande der Flussaue, platziert. Nicht so tragisch, Key West ist ja auch nicht der südlichste Ort der USA. Es gibt einen kleinen Picknickplatz am Weser-Radweg und eine Hinweistafel.

Ganz in der Nähe, unmittelbar an der Weser, befindet sich das Kloster Corvey. Es gehört zu den bedeutendsten Sehenswürdigkeiten in Nordrhein-Westfalen und zählt seit 2014 zum UNESCO-Weltkulturerbe. Die Klosterkirche besitzt eine karolingische Krypta sowie ein imposantes Westwerk. Neben der Kirche liegt das Grab Hoffmann von Fallerslebens.

Kontaktadresse:

Stadt Höxter
Westerbachstraße 45
37671 Höxter
Tel.: 05271-9630
www.rathaus@hoexter.de
www.hoexter.de

Mit dem Rad:

Von Corvey aus führt der Weserradweg R99 in nördlicher Richtung. In Holzminden wechselt dieser die Weserseite. Um zum östlichsten Winkel zu gelangen folgt man daher der Alternativstrecke Weserradweg R 99.

Der östlichste Punkt Nordrhein-Westfalens ist auch der östlichste Winkel Westfalens

Tief im Westen

Der westlichste Punkt in Nordrhein-Westfalen

wo ist eigentlich der westlichste Zipfel Deutschlands? Der befindet sich in der Region Selfkant, direkt an der niederländischen Grenze, eingeklemmt zwischen den niederländischen Städten Susteren im Norden und Sittard im Süden. Hier, im äußersten Westen des Kreises Heinsberg, liegt die Ortschaft Isenbruch. Etwa 1,4 Kilometer nordwestlich davon, an der Kreisstraße K 1, direkt nördlich von Haus Groevenkamp, befindet sich Deutschlands *Land's End*.

Somit beherbergt das Dorf gleich zwei Extrempunkte: Es ist der westlichste Ort Deutschlands und damit zugleich die westlichste Landesstelle Nordrhein-Westfalens. Diese extreme Randlage besteht nicht erst seit gestern. Schon vor den Grenzverschiebungen nach dem Ersten Weltkrieg bei Eupen und Malmedy galt Isenbruch als der westlichste Punkt Deutschlands. So könnte man mit Remarque fest-

Eine Informationstafel an der Straße verweist auf den etwa 60 Meter entfernten Grenzstein 309B, der in einer Hecke steht

Der westlichste Punkt Europas ist das Kap Bjargtangar im Nordwesten Islands. Schön zu wissen. Bei der Gelegenheit stellt sich die Frage,

stellen: Im Westen nichts Neues! Aber das stimmt nicht ganz. 2015 wurde der westlichste Punkt von Nordrhein-Westfalen, bisher gut verborgen, als Erlebnisraum Westzipfel zur touristischen Attraktion herausgeputzt und rückt damit als Reiseziel ins Rampenlicht.

••••••••••••••••••••••••••
Kontaktaderesse:

52538 Selfkant-Tüddern

Mit dem Auto:
A 46 bis Autobahnende, rechts über die B221 in Richtung Heinsberg. Noch vor Heinsberg die Ausfahrt Heinsberg Schleiden - Stadtmitte Richtung Tüddern/Sittard nehmen (links abbiegen). Nach 200 Metern im 1. Kreisverkehr weiter Richtung Tüddern. Im nächsten Kreisverkehr (nach weiteren 1.8 Kilometern) fahren Sie in Richtung Tüddern. Vor Tüddern am Kreisverkehr rechts Richtung Millen/Niewstadt (NL). Folgen Sie der Straße (K1) 5,4 Kilometer geradeaus, vorbei an Millen und dem Hinweisschild NL 100 Meter.
••••••••••••••••••••••••••

Ein kurzer Blick in die anderen Himmelsrichtungen zeigt, dass List/Sylt im Norden, Oberstdorf/Bayern im Süden und Görlitz/Sachsen im Osten die anderen äußersten Enden Deutschlands markieren. Gemeinsam mit dem Selfkant sind sie im Zipfelbund zusammengeschlossen. Das Bündnis entstand während der zentralen Feierlichkeiten zum Tag der Deutschen Einheit 1999 in Wiesbaden. Für Gäste, die alle vier Orte bereist haben, gibt es den sogenannten Zipfelpass. Auch Prominenz aus Politik, Wissenschaft, Sport und Kultur wurden zum Zipfelstürmer und sind inzwischen Inhaber dieses originellen Ausweises.

In Selfkant-Tüddern gibt es einen Stempel in den Zipfelpass

Auf einem Betonstein der Panzersperre des Westwalls aus dem Zweiten Weltkrieg verweist eine Bronzetafel auf den Südpunkt von Nordrhein-Westfalen

Ganz weit unten

Der südlichste Punkt in Nordrhein-Westfalen

Wer den südlichsten Punkt von Nordrhein-Westfalen besuchen möchte, der muss sich in den Kreis Euskirchen begeben. Ganz genau in dem zur Gemeinde Hellenthal gehörenden Ortsteil Kehr. Die östliche Hälfte von Kehr ist der südlichste Ort von Nordrhein-Westfalen. Die westliche Hälfte von Kehr hingegen gehört zur ostbelgischen Gemeinde Büllingen und ist der östlichste Punkt Belgiens. Somit ist das kleine Kehr eine geografische Besonderheit. Das Dorf wird durch die deutsch-belgische Staatsgrenze in zwei Hälften geteilt. Die Grenze verläuft in Nord-Süd-Richtung entlang der mitten durch den Ort führenden Bundesstraße 265. Sie zerschneidet den Ort in einen belgischen und einen deutschen Teil. Auch die Landesgrenze zwischen Nordrhein-Westfalen und Rheinland-Pfalz tangiert die Ortschaft. Außerdem ist die Grenze zu Rheinland-Pfalz an dieser Stelle gerade mal 250 Meter von der Grenze zu Belgien entfernt und bildet somit eine Art geografischer Flaschenhals. Alles klar? Etwa 1,5 Kilometer südwestlich von Kehr liegt dann am Losheimer Landgraben, einem Teil des ehemaligen Westwalls, der südlichste Punkt von Nordrhein-Westfalen.

Die Gemeinde Hellenthal kann noch mit einer weiteren Besonderheit aufwarten. Hier, auf der Kreisstraße 14, direkt hinter dem Ortsausgang, ist es im tiefen Winter am längsten hell. Hier befindet sich sozusagen der hellste Punkt von NRW. Ursache ist ebenfalls die südliche Lage: Am dunkelsten Tag des Jahres, dem 21. Dezember, ist die Sonne in Bielefeld von 8:31 Uhr bis 16:16 Uhr zu sehen, aber bei Hellenthal eine Viertelstunde länger: von 8:32 Uhr bis 16:32 Uhr.

Kontaktadresse:

Gemeindeverwaltung Hellenthal
Rathausstraße 2,
53940 Hellenthal
www.hellenthal.de

Etwa 1,5 Kilometer südwestlich von Kehr in der Gemeinde Hellenthal liegt am Losheimer Landgraben der südlichste Punkt von Nordrhein-Westfalen; direkt an der Grenze zu Rheinland-Pfalz

Auf die Spitze getrieben

Der höchste Punkt in Nordrhein-Westfalen

Der höchste Punkt in Nordrhein-Westfalen? Na das ist doch einfach, das weiß doch jedes Kind in NRW. Natürlich der Kahle Asten. Nein, ist er nicht. Der höchste natürliche Punkt in Nordrhein-Westfalen und gleichzeitig auch der höchste Punkt des nordwestlichen Teils von Deutschland ist der Langenberg, auch wenn es die Winterberger im Hochsauerland nicht so gerne hören. Mit 843,2 Metern ist er genau zwei Meter höher als sein nur wenige Kilometer südwestlich entfernt liegender Vetter.

Warum hört man nur vom Kahlen Asten? Nun, der kann mit einigen Einrichtungen aufwarten, die dem Langenberg fehlen. So befinden sich auf dem Kahlen Asten ein Restaurant und ein Hotel, dazu ein großer Parkplatz, ein Aussichtsturm und die berühmte Wetterstation

Ist das Gipfelkreuz erreicht, steht der Wanderer auf der Spitze des höchsten Berges von Nordrhein-Westfalen, dem Langenberg

des Deutschen Wetterdienstes, oft zitiert von Funk und Fernsehen. Und man kann weit gucken, an guten Tagen bis zum Brocken im Harz. An ihm haftet halt nur das Manko der Zweitklassigkeit. Bedauerlicherweise bietet der Langenberg nichts dergleichen und auch keinen Weitblick. Der Langenberg ist ein topografisch versteckter, relativ flacher Bergrücken mit dichtem Fichtenbestand, wodurch die Aussicht stark eingeschränkt ist. Gäbe es die Markierung und das Gipfelkreuz nicht, würde der Wanderer wahrscheinlich über die flache Bergkuppe hinweg spazieren, ohne mitzubekommen, dass er die höchste natürliche Erhebung von Nordrhein-Westfalen passiert hat. Trotzdem, nur wer den Langenberg bestiegen hat, war auf dem Dach von Nordrhein-Westfalen. Und – wer über den höchsten Punkt von Nordrhein-Westfalen wandert, wird automatisch zum Grenzgänger: Über den Gipfel des Langenbergs verläuft die Landesgrenze zwischen Nordrhein-Westfalen und Hessen.

Kontaktadresse:

Tourist-Information Olsberg
Ruhrstrasse 32
59939 Olsberg
www.olsberg-touristik.de

Das Herz des Landes

Der Mittelpunkt von Nordrhein-Westfalen

7 Grad 33 Minuten östliche Länge und 51 Grad 28 Minuten nördliche Breite. Das sind die Koordinaten für ein zugewuchertes Areal zwischen der Gurlittstraße und der Straße Am Oesterbruch im Dortmunder Stadtbezirk Aplerbeck. Hier liegt der Mittelpunkt. Nicht von Deutschland oder gar der ganzen Welt, aber immerhin von Nordrhein-Westfalen. Der geografische Extrempunkt befindet sich, nicht gerade idyllisch, in der Nähe eines Regenrückhaltebeckens. Trotzdem haben diese Daten für den Ortsteil Aplerbeck eine große Bedeutung. Die Zahlen sorgen nämlich dafür, dass sich der Stadtbezirk von allen anderen Orten in Nordrhein Westfalen abhebt, ihn zu etwas Besonderem macht. Also ist Aplerbeck auch von Amtswegen das Herz Nordrhein Westfalens.
Übrigens: Die tiefste natürliche Senke in Nordrhein-Westfalen befindet sich in Zyfflich, in der Gemeinde Kranenburg. Dort beträgt die Höhe 9,2 Meter über NN.

Gruselig
Unheimliche Orte

Spuk in der Waschkaue

Das Gruselabyrinth in Bottrop

In der Bergbaustadt Bottrop gibt es zwei Orte, an denen dem Besucher ad hoc die Haare zu Berge stehen. Das passiert zum einen auf der obersten Plattform des Tetraeder der Halde Beckstraße und zum anderen quasi um die Ecke in der historischen Waschkaue der Zeche Prosper Haniel II. Hier, in Deutschlands größtem Gruselabyrinth, direkt neben dem markanten Malakoffturm, läuft es einem kalt den Rücken herunter. Wer sich so richtig gruseln und den mystischen, dunklen Geschöpfen der Gespenster- und Schattenwelt mutig entgegentreten möchte, der erlebt mitten im Ruhrgebiet eine Horrorinszenierung vom Allerfeinsten. Das Gruselabyrinth ist eine europaweit einzigartige Attraktion in Form eines familiengerechten, interaktiven Theatererlebnisses rund um die Themen Grusel und Fantasy. Die Gäste gehen in Gruppen durch das Gruselabyrinth, das sich aus zahlreichen Showabschnitten zusammensetzt, in denen erfahrene Live-Schauspieler eine zusammenhängende, abendfüllende Gruselgeschichte erzählen.

Dieser Gruselfilm der besonderen Art unterscheidet sich elementar von der Eintönigkeit der Horror-Häuser in den Freizeitparks. Umrahmt werden die Showabschnitte von mehreren stockdunklen Labyrinthen, in denen die Gäste zu Protagonisten werden. Sie müssen den Weg selber finden und teilweise sogar ertasten, wobei Erschrecker für Gänsehaut und Kribbeln im Nacken sorgen. Das Erlebnis ist dabei vom Gruselfaktor her so strukturiert, dass es für

Im Grusellabyrinth in Bottrop jagt ein Schauder den nächsten

alle Altersschichten gleichermaßen spannend, mitreißend und erträglich ist. Das Gruselabyrinth ist für alle Altersgruppen ab acht Jahren geeignet. Auf ins Abenteuer!

Kontaktadresse:

Grusellabyrinth GmbH
Knappenstraße 36
46238 Bottrop
www.grusellabyrinth.de

In der Nähe:

Das Tetraeder in Bottrop

Eine weithin sichtbare Landmarke steht auf der ehemaligen Halde der Schachtanlage Prosper in Bottrop: das Tetraeder oder hochoffiziell das *Haldenereignis Emscherblick*.
Mit seiner Höhe von 60 Metern oberhalb des 90 Meter hohen Haldengipfels bietet die Stahlkonstruktion einen weiten Blick über die Emscherregion und das Ruhrgebiet.
Die Aussichtsplattform ist öffentlich zugänglich und über leicht

schwingende Treppen zu erreichen. Bei guter Sicht entdeckt der schwindelfreie Besucher den Gasometer in Oberhausen, die Arena auf Schalke, die Skyline von Essen und sogar den etwa 40 Kilometer entfernten Rheinturm in Düsseldorf.

Bei Abbrucharbeiten im Schloss machten Arbeiter 1811 einen grausigen Fund

Schrecklich schön

Die Mumienhand von Schloss Hohenlimburg

In einer Sturmnacht des Jahres 1811 schlug der Blitz in den Wehrturm von Schloss Hohenlimburg ein. Dabei fing die Haube des Turms Feuer, wodurch große Teile des Bergfrieds zerstört wurden. Seine Reparatur brachte einen grausigen Fund aus dem Mittelalter ans Licht. Zwischen den verkohlten Holzbalken und den Steinschichten fanden die Arbeiter eine mumifizierte Hand. Seitdem ängstigt die Schwarze Hand auf Schloss Hohenlimburg Kinder und lässt bei Erwachsenen ein Gruseln aufkommen. Zahlreiche Mythen und Sagen ranken sich um das mumifizierte Körperteil. In einer Legende wird, gerne als warnende Erziehungshilfe, behauptet, dass die Hand zu einem Kinde gehöre, das nach seiner Mutter geschlagen habe und dem wegen Verstoß gegen das *Du sollst Vater und Mutter ehren*-Gebot zur Strafe die Hand abgeschlagen wurde.

Eine zweite Version bezieht sich auf ein Gottesurteil. Mit seiner Hilfe sollte die Schuld oder Unschuld eines Täters bewiesen werden. Konnte einem mutmaßlichen Mörder die Tat nicht nachgewiesen werden, wurde der Verdächtige an die Leiche des Ermordeten herangeführt. Wenn bei der Annäherung des Angeschuldigten die Wunden des Toten von Neuem bluteten, dann galt der Verdächtige als überführt. Blieb die Blutung aus, war er frei.

Manchmal fand der Prozess erst statt, wenn die Leiche schon beerdigt war. In diesem Fall wurde sie wieder ausgegraben und ihre rechte Hand abgetrennt. Damit prüften die Richter, ob sie beim Nahen des mutmaßlichen Mörders blutete oder nicht.

Eine Forschungsgruppe hat vor kurzer Zeit mit modernsten Untersuchungstechniken die Hand geprüft und die uralte Legende widerlegt. Die Wissenschaftler ordneten die 500 Jahre alte rechte Hand einem Erwachsenen zu. Sie stellte vermutlich ein sogenanntes Leibzeichen dar: In mittelalterlichen Gerichtsprozessen mussten sowohl Täter als auch Opfer (vertreten durch die anklagende Hand) anwesend sein.

Deshalb wurde in manchen Fällen eine Hand des Opfers als Leibzeichen abgetrennt und einbalsamiert, danach wurde die Leiche begraben. War der Prozess beendet, wurde auch die Hand bestattet. Konnte der Mörder nicht überführt werden, blieb sie in Verwahrung.

Das Relikt, das auf Schloss Hohenlimburg ausgestellt wird, ist nicht einzigartig. Es gibt in anderen katholischen Gemeinden ähnliche Fälle von erhaltenen Mumien-Händen, beispielsweise die sogenannte Schwarze Hand in der Pfarrkirche von Bödefeld.

Kontaktadresse:

Schloss Hohenlimburg
gemeinnützige GmbH
Alter Schlossweg 30
58119 Hagen-Hohenlimburg
Tel: 02334-2771
www.schloss-hohenlimburg.de

In der Nähe:

Phänomenta Lüdenscheid

Ein Museum für Naturwissenschaft und Technik, das es sich zum Ziel gesetzt hat, Kinder und Jugendliche schon frühzeitig für naturwissenschaftliche Themen zu begeistern.

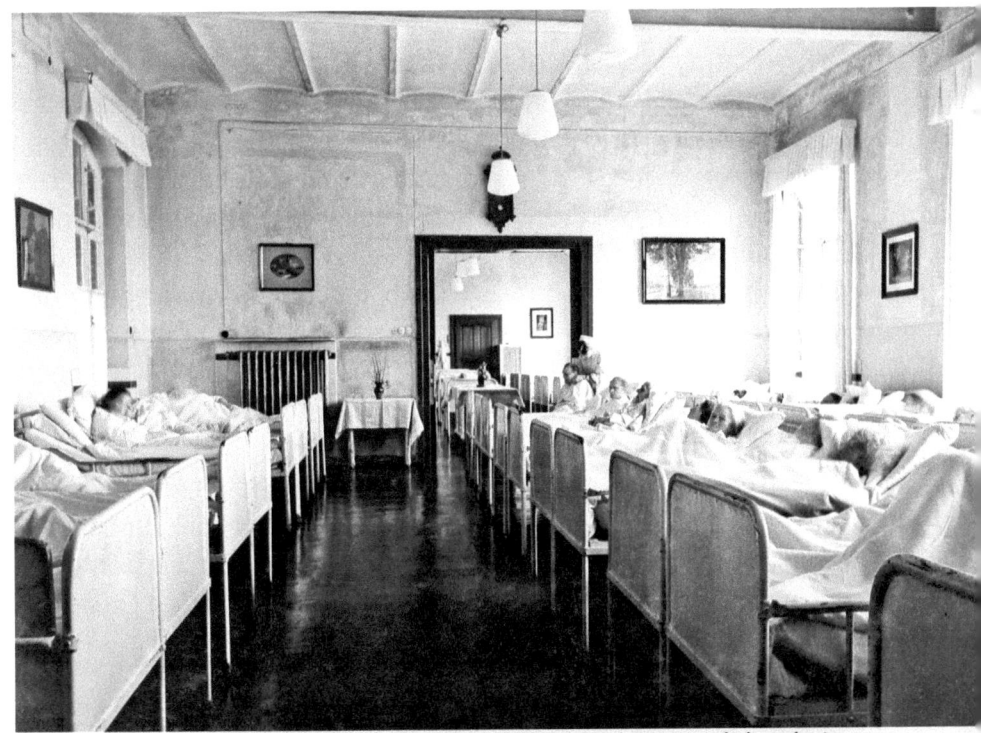
Krankenzimmer im Frauenhaus in den 30er Jahren des letzten Jahrhunderts

Von der Irrenanstalt zur Klinik

Das Psychiatriemuseum Ver-rückte Zeiten

Irre, Verrückte, Wahnsinnige in Zwangsjacken, weggesperrt in Anstalten, Klapsmühlen und Gummizellen, behandelt mit Elektroschocks, mit Beruhigungsmitteln weggespritzt. Kaum ein Fachbereich der Medizin löst beim Außenstehenden so viele negative Gedankengänge aus wie die Psychiatrie. Vielleicht auch deshalb übt sie auf viele Menschen gleichzeitig eine kaum zu erklärende Faszination aus. Wann ist ein Mensch normal und wann ist ein Mensch psychisch-krank? Überhaupt – was weiß die Psychiatrie eigentlich über das Verrücktsein?

Diese und andere Fragen will das Psychiatriemuseum Ver-rückte Zeiten beantworten. Ziel ist es, Hemmschwellen und die erwähnten Vorurteile abzubauen, aber auch heute noch existierende Probleme aufzuzeigen. Die Exponate reflektieren die Psychiatriegeschichte unter dem Aspekt der sich verändernden Gesellschaft mit ihren Erfolgen und Desastern.

Früher mussten die Kranken schwere Ketten an den Füßen tragen. Als Rasende wurden sie in ein hohles Rad gesteckt und mussten es solange drehen wie ein Hamster, bis sie müde waren. Im 19. Jahrhundert fanden Gedanken der Heilbarkeit von psychischen Störungen, der Menschenwürde und der humanen Versorgung der Irren langsam Eingang in die entstehende wissenschaftliche Psychiatrie.

Rassenhygiene und Menschenverachtung des deutschen Nationalsozialismus machten diese Grundeinstellungen zunichte. Während des 2. Weltkrieges wurden schließlich unheilbare psychiatrisch erkrankte Menschen zu Zigtausenden ermordet. Die Situation der Psychiatrie in der BRD wurde noch in den 1970er-Jahren am Ende einer Untersuchung als menschenunwürdig bezeichnet. Dennoch gab es seit den 1950er-Jahren neue Ansätze der wissenschaftlichen Erkenntnis: neue Therapiemethoden, medikamentöse Hilfen, eine sozialpsychiatrische Bewegung und vieles mehr.

Das Psychiatrie-Museum steht auf dem Gelände der LVR-Klinik Bonn.

Die Klinik selbst ist seit mehr als 135 Jahren Ort dieser Geschichte. Die alte und die moderne Architektur sind Zeugen der Veränderungen. Neben den älteren und neueren Therapie- und Rehabilitationsmöglichkeiten stellt das Museum Objekte aus, die das Innenleben der psychiatrischen Einrichtung verdeutlichen – nämlich das Leben von Patientinnen, Patienten und Personal. Acht Themenräume mit Exponaten, begleitet von Text- und Bildtafeln sowie Publikationen, geben Einblicke in die Geschichte der rheinischen Psychiatrie seit Gründung der Irrenanstalt Siegburg.

Kontaktadresse:

Psychiatriemuseum
Ver-rückte Zeiten
Kaiser-Karl-Ring 20
53111 Bonn
Tel.: 0228 - 551 -3032
l.orth@lvr.de

In der Nähe:

Bonn

Die ehemalige Bundeshauptstadt besitzt eine gut erhaltene Altstadt, mit prächtigen barocken Profanbauten sowie älteren und jüngeren Wahrzeichen.

Wollseifen

Vom idyllischen Weiler zum Geisterdorf

Trotz des Sonnenscheines ist der Spaziergang durch das Dorf ein wenig beklemmend. Geradezu gespenstisch wirkt die Stille der verlassenen Siedlung an einem dunklen, grauen und regnerischen Tag – ein bisschen wie in einem Stephen-King-Roman. Eine bedrückende Einsamkeit erwartet die Besucher des Geisterdorfes Wollseifen in der Eifel. Leere Häuser und Fensterhöhlen, kein Mensch ist zu sehen, keine Stimme zu hören, allein die Vögel zwitschern noch. Der alte Weiler lebt nur noch in der Geschichtsschreibung.

Bereits im Zweiten Weltkrieg hatte das 800 Jahre alte Eifeldorf einige Treffer abbekommen, da es sich in der Nähe der Nazi-Ordensburg Vogelsang befand. Die endgültige Zerstörung wurde aber erst 1946 besiegelt. Nach der Entscheidung der britischen Besatzungsmacht, einen Truppenübungsplatz einzurichten, wurden die Einwohner von

Wollseifen – der wohl einsamste Ort in der Eifel

Wollseifen zwangsumgesiedelt. Sie hatten plötzlich kein Zuhause mehr. Es blieb ihnen drei Wochen Zeit, ihr Dorf zu räumen und sich eine neue Bleibe zu suchen. Die Häuser von Wollseifen wurden jetzt zu Zielscheiben. Englische und belgische Soldaten lernten hier, Artilleriegeschütze zu bedienen. Einzig die alte Schule, das Trafohäuschen, die Kirche und ein Bilderstock am Ortseingang sind noch vom echten Dorf übrig. Von 1981 bis 1990 wurden 20 Kulissenbauten errichtet. Sie dienten unter anderem den NATO-Truppen als Übungsobjekte für den Häuserkampf. Es entstand sozusagen ein Geisterdorf im Geisterdorf. Seitdem die belgischen Soldaten 2006 abgezogen sind, kann das verlassene Dorf besichtigt werden. Ehemalige Wollseifener Bürger machten aus ihrem toten Dorf einen Ort der Erinnerung. Modelle, Bilder, Texte und Tafeln machen den Ort in historischer Hinsicht wieder lebendig.

Anfahrt:

Wollseifen ist mit dem Auto und Bus nicht direkt zu erreichen. Den Wanderparkplatz an der B 266 zwischen Gemünd und Einruhr anfahren. Von dort den zwei Kilometer langen Fußweg benutzen.

Vom belgischen Militär errichtete Kulisse zum Training des Häuserkampfes

Hilfe, ich verwandle mich gerade ...

Auf dem Werwolf-Wanderweg in Bedburg

In Transsylvanien lauert er hinter jeder Ecke: Dracula, der bekannteste Vampir der Welt. Bekanntschaft mit Zombies macht man besonders häufig auf der Karibikinsel Haiti. Und Werwölfe gehören in die schottischen Highlands. Aber doch nicht in den Rhein-Erft-Kreis in Nordrhein-Westfalen – oder doch? Jenes klassische Halbwesen, das sich in einen Wolf verwandeln kann und mit dem Teufel im Bunde steht? Dieses rachsüchtige Monster, das bei Tage nicht von einem normalen Menschen zu unterscheiden ist? Das aber nachts, getrieben von der Gier nach menschlichem Blut und Fleisch als grimmige Tiergestalt durch dunkle Moore und finstere Täler steift?

Eines dieser furchteinflößenden Exemplare soll sich im 16. Jahrhundert tatsächlich im Rhein-Erft-Kreis herumgetrieben haben. Nach Meinung der damaligen Justiz hatte der Bauer Peter Stump aus Epprath innerhalb von 25 Jahren in der Gestalt eines Werwolfs mindestens 16 Morde begangen. Außerdem beschuldigte ihn das Gericht der Zauberei und dem Zusammenleben mit einer Teufelin (Letzteres soll auch heute noch gelegentlich vorkommen). Am 28. Oktober 1589 als schuldig befunden, wurde er wenige Tage später durch Rädern und Enthauptung grausam hingerichtet. Zu einer Zeit, in der die verblendeten Gerichte

Durch diesen einsamen Weg könnte er kommen – oder wartet er schon hinten an der Treppe im Schlosspark von Bedburg? Und vergessen Sie beim Werwolf-Rundgang die Steinsärge an der Bedburg nicht!

Hunde, Hähne, sogar Glocken zum Tode verurteilten. Der Fall wurde damals weit über die Grenzen hinaus bekannt.

Die Mitglieder des Vereins für Geschichte und Heimatkunde in Bedburg untersuchten das tragische Leben des vermeintlichen Werwolfs Peter Stump und gestalteten aus ihrem Wissen den Werwolf-Wanderweg. Der Rundweg, in Form einer Acht, macht unter anderem Halt am Geburtsort von Peter Stump und führt auch zu seiner Hinrichtungsstätte. Wer alle sieben Stationen des Rundwanderwegs erfahren möchte, ist rund zwei Stunden unterwegs.

Damit sich der eine oder andere keinen, Achtung, Wortwitz! (Wer-)Wolf läuft, wurde die Tour in zwei Abschnitte unterteilt. Vielleicht schon auf blutigen Pfoten können die Besucher auch nur die Hälfte der Acht, nämlich die Gerichtsrunde gehen oder rund um den Kasterer See dem bösen Treiben des Werwolfs folgen.

Werwölfe – im Buch und im Film, okay. Aber im Alltag gibt es keine Werwölfe. Jeder weiß, dass es keine gibt. Es sei denn, man spaziert nachts durch Epprath. Wer dann seine Ohren spitzt und genau horcht, kann vielleicht das Jaulen des Werwolfs hören ...

Ein Wolf, der den Mond anheult - das Emblem des Werwolf-Wanderweges kennzeichnet die gesamte Strecke, die in Form einer Acht verläuft.

Kontaktadresse:

Rhein-Erft Tourismus
50126 Bergheim
Tel.: 02271-9949930
www.rhein-erft-tourismus.de
www. Naturpark-rheinland.de

In der Nähe:

Der Wilde Westen lebt:
Das Indianerdorf in Frechen

Wilhelm Linz, der wohl letzte *weiße Indianer* Deutschlands, besitzt eine der größten Privatsammlungen von indianischen Exponaten in Europa.
Den Besucher erwartet eine Westernstadt mit Saloon, Post, Bank, Planwagen und Kutsche. Ein riesiges Indianerzelt im Garten, Bekleidung, Gebrauchsgegenstände und Waffen versetzen kleine und große Gäste in Zeit der Cowboys und Indianer.

Sagen, Legenden und Schauergeschichten

Spuktour-Spezial in Köln

Merkwürdige Erscheinungen, unheimliche Stimmen, entsetzliche Schreie gequälter Seelen. Erleben Sie Köln von seiner dunklen Seite und tauchen Sie in die Welt der Dämonen, Ketzer, Geister und Hexen ein. Erleben Sie eine schaurig-schöne Stadtführung durch das mittelalterliche Köln mit Grusel-Erlebnissen und vorprogrammierter Gänsehaut.

Lauschen Sie Spuk- und Teufelsgeschichten, Sagen über mythische Begebenheiten und Aberglauben und hören Sie, was sich dahinter verbarg. Begeben sie sich in eine Zeit, als es mit Sonnenuntergang dunkel in den Straßen war und im besten Fall der Mond ein schwaches Licht auf die Erde schickte. Es war unheimlich, zur späten Stunde noch einen Weg zurücklegen zu müssen. Damals galt die Nacht als geheimnisvoll und feindlich. Da sich die Leute vieles nicht erklären konnten, waren sie sicher, dass das Unheil nur mit dem Teufel in Verbindung stand. Meistens hielten sich um diese Zeit nur unehrenhafte Leute in den Straßen auf. Wer es sich leisten konnte, bezahlte einen Nachtwächter, der ihm heimleuchtete. Mit der Laterne in der Hand bahnte er sich seinen Weg durch das nächtliche Köln. Dabei hielt er Ausschau nach dubiosen Gestalten und vermeintlichen Dieben.

Auch der Henker tauchte an den unheimlichen Plätzen der Stadt auf und kontrollierte, wer sich unrechtmäßig in den Straßen aufhielt. Wenn er Ihnen auf dieser Tour über den Weg läuft, seien Sie vorsichtig: Er gehört zu den Unberührbaren. Aber was bedeutet das? Die Antwort auf diese und viele andere Fragen erhalten die mutigen Teilnehmer während einer nächtlichen Erlebnis-Stadtführung durch die Gassen Kölns.

Die Frau eines Nachtwächters, eine Weise Frau – wie Kräuterfrauen und Hebammen gerne genannt wurden, begleitet Sie und führt Sie vorbei an Stätten, an denen es früher gespukt hat. Auf Wunsch treten Spukende auf und erklären, warum sie keine ewige Ruhe finden können. Woher rühr(t)en die Vorstellungen des Spukens? Sie erfahren, weshalb zu gewissen Zeiten ein jammerndes Milchmädchen erschien, wie ein Werwolf zu einem normalen Menschen wurde, wo

Begleiten Sie die Frau eines Nachtwächters auf ihrer nächtlichen Tour durch die Gassen und dunklen Seiten von Köln

Huppet Huhot Gutes und Schlechtes vollbrachte und seit wann die feuerspeiende Kutsche nicht mehr in der Karfreitagsnacht am Rathaus vorbeirast. Selbst der Dom war nicht frei von bösen Geistern. Ebenfalls hören Sie, wie sich die Menschen gegen Spuk, böse Geister und Wiedergänger zu schützen suchten.

Aber wer weiß, ob Ihnen nicht doch ein Gespenst begegnet. Deswegen ist es gut zu wissen, wie Sie sich vor bösen Geistern schützen können. Noch ein kleiner Tipp: Achten Sie stets darauf, nicht der Letzte in der Gruppe zu sein ...

Kontaktadresse:

Tour-Agentur
Hohe Pforte 22
50676 Köln
Tel.: 0221-9327263
www.tour-agentur.de

In der Nähe:

Rheinseilbahn Köln

Die Rhein-Seilbahn verbindet in Höhe der Zoobrücke die beiden Ufer des Flusses. Während der Fahrt kann (nicht muss) in einer goldenen Hochzeitsgondel standesamtlich geheiratet werden.

Der Rundturm in Davensberg, Ort früherer Gerichtssitzungen und Kerker für die Gefangenen

Mittelalter zum Anfassen

Der Folterturm in Davensberg

Minnesänger und anmutige Burgfräuleins, edle Ritter in ihren kühnen Burgen, gebaut auf wilden Felsen – das sind begeisternde Ansichten der Kultur des Mittelalters. Aber die Zeit der Kreuzzüge, der mächtigen Kaiser und Könige war ganz bestimmt nicht immer eine behagliche Zeit. Das unruhige Mittelalter beinhaltet auch grausame Kapitel der Menschheitsgeschichte.

In Davensberg, dem kleinsten Ortsteil der Gemeinde Ascheberg, stand die Burg Davensberg. Von ihr sind heute, mit Ausnahme ihres im 16. Jahrhundert errichteten Turmes, nur noch Trümmer erhalten. Im Laufe seiner langen Geschichte diente der Burgturm in Davensberg auch als Gefängnis. Beim Betreten des Turms gelangt der Besucher in einen dunklen Raum mit rohen

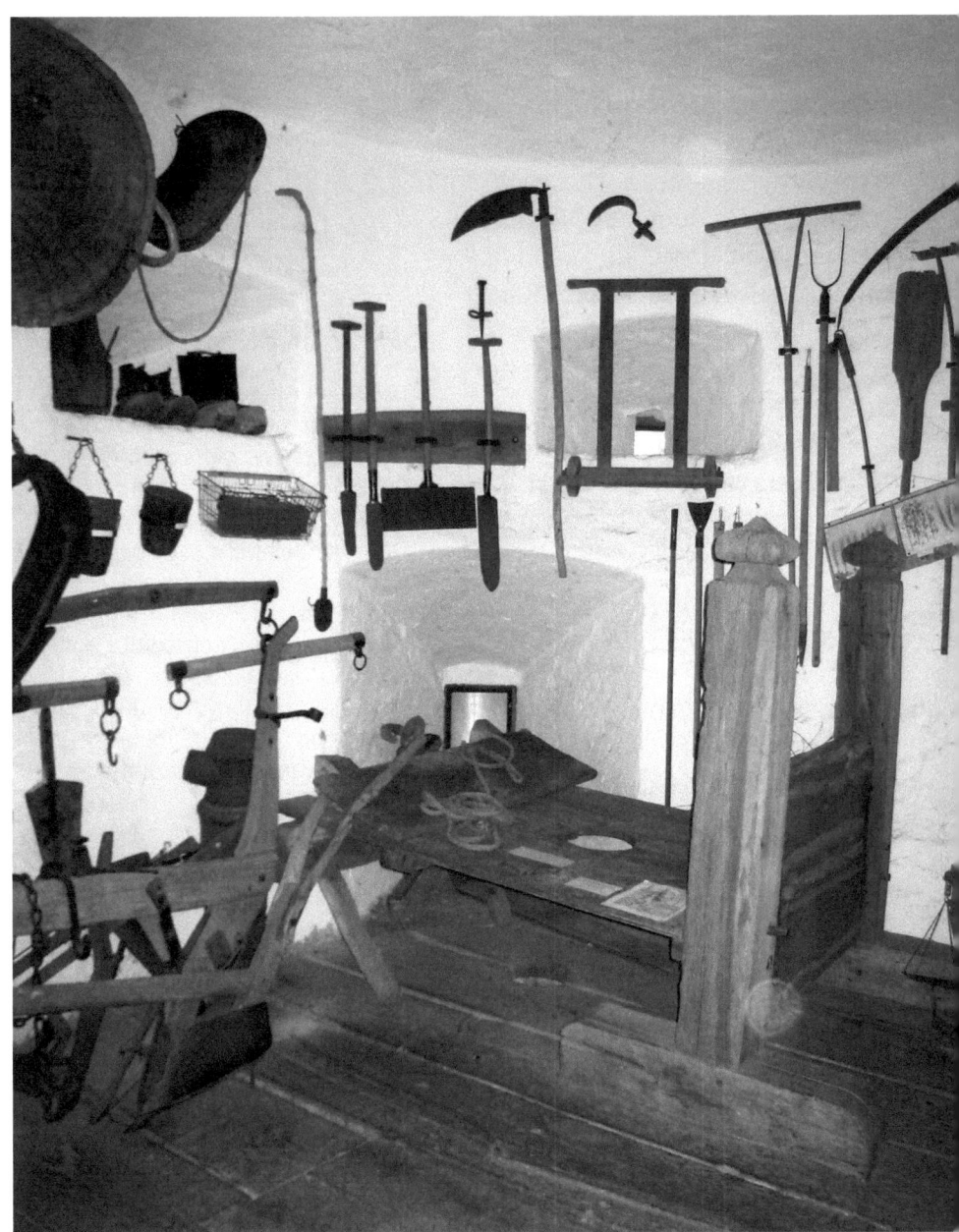

Bei dem bettähnlichen Möbel, das in der ehemaligen Folterkammer über dem Verlies aufbewahrt wird, handelt es sich um ein im mittelalterlichen Strafvollzug weitverbreitetes Folterwerkzeug, dem sogenannten Stock. Gerfertigt aus schweren Eichenbrettern, diente es der Festsetzung Gefangener.

Wänden. Hier steht ein Folter- bzw. Streckbett aus schwerem Eichenholz, mit einer Vorrichtung am Fußende, um den Gefangenen wie man damals sagte, zu stocken und zu flocken. Im Boden des Raumes befindet sich eine Luke, die in das untere Verlies führt. Dieser Raum ist finster und feucht. Hier hat so mancher Gefangene, nicht selten auch unschuldig, bei Wasser und Brot ein elendes Dasein geführt. Davensberg war Sitz des Gogerichtes zu Werne. In der Zeit der Hexenverfolgung fanden hier 55 Prozesse gegen Hexen und Zauberer statt. Alle wurden, selbst für die damaligen Verhältnisse, unmenschlich durchgeführt. Die meisten führten zu Hinrichtungen. Die bedauernswerten Kreaturen wurden vor ihrem grausamen Verbrennungstod im Davensberger Wehrturm eingekerkert und gefoltert.

Heute befindet sich in dem historischen Gebäude das Heimatmuseum Davensberg. Dessen Mitglieder machen nach telefonischer Absprache Führungen durch den Burgturm, einschließlich eines Aufenthaltes in der Folterkammer. Ängstliche Besucher können beruhigt werden: bisher sind alle Teilnehmer, den Grusel-Sagen zum Trotz, wieder heil zurückgekehrt.

Kontaktadresse:

Wehrturm von Davensberg
Mühlendamm 6
59387 Ascheberg
www.davensberg.de
Tel.: 02593-7707

In der Nähe:

Wer den Amtsschimmel mal wieder so richtig laut wiehern hören möchte, muss nach Münster zum *Picasso-Platz* fahren. Hier ist der spanische Künstler nicht nur auf einem Straßenschild, sondern auf einem ganzen Platz verewigt. Vor dem Graphikmuseum ließ die Stadt ein überlebensgroßes Konterfei von Pablo Picasso in roten und grauen Steinen verlegen. Das Dumme an dem 563.500 Euro teuren Mosaik-Gebilde ist, man kann nur auf ihm herumtrampeln, denn aus Augenhöhe ist es als solches nicht zu erkennen – es ist schlicht zu groß. Das Picasso-Porträt an der Königsstraße ist nur aus der Vogelperspektive gut zu sehen. Laut Aussage des Architekten ist dies jedoch gewollt und die auf den ersten Blick wirre Gestaltung soll geheimnisvoll auf den Betrachter wirken ...

Gruselstorys im Schummerlicht

Der Schwerter Laternenweg

In seinem historischen Reisebericht *Wanderungen durch das Ruhrtal* vermerkte der Gymnasialoberlehrer Gerhard Löbker bereits im Jahre 1852: »Schwerte ist ein Mittelpunkt westfälischer Volkssagen«. Damit diese vielfältige, regionale Kultur auch für die nachkommenden Generationen erhalten bleibt, wurde für alle Bewohner und Besucher der Schwerter Laternenweg gestaltet. Bei einem Rundgang durch die schöne Altstadt werden fünf alte Schwerter Sagen dargestellt. In scherenschnittartigen Bildern erstrahlen auf dreißig Laternen markante Szenen und lassen die Besucher in die Schwerter Sagenwelt längst vergangener Zeiten eintauchen. Start- und Endpunkt der etwa einstündigen Tour ist der Wuckenhof. Die Weiße Frau vom Wuckenhof ist auch Bestandteil der ersten Etappe auf dem sagenhaften Rundgang. Weitere Stationen sind Die Hexenrache, Der schiefe Turm von St. Viktor, Der Knüppelhund von Schwerte und Spuk in der Mühle. Bei der Touristik-Information im Ruhrtalmuseum liegt eine kostenlose Broschüre aus, die neben den Sagen und ihren bildlichen Darstellungen auch einen detaillierten Plan mit der Wegstrecke und den einzelnen Stationen enthält. Der Schwerter Laternenweg ist ein märchenhaftes Erlebnis für Familien und Schulklassen. Er trägt mit dazu bei, die regionale Kultur von Schwerte zu bewahren.

Kontaktadresse:

Touristikbüro Schwerte
Brückstraße 14
58239 Schwerte-Mitte
Tel: 02304-104777
www.schwerte.de
www.schwerte.de/laternenweg

Höllisches Vergnügen

Der Tecklenburger Hexenpfad

Der Arzt Johann Weyer hatte sich in Deutschland als Erster öffentlich gegen die Hexenverfolgungen ausgesprochen. Insbesondere

Über die Stationen des Hexenpfads werden viele Sagen und Geschichten erzählt

die Landesherrin Gräfin Anna von Tecklenburg-Schwerin förderte seine Tätigkeit. Dadurch wurden die grausamen Hexenverbrennungen in und um Tecklenburg verhindert. 1588 starb Weyer auf der Tecklenburg. Somit ist zur Zeit der mittelalterlichen Hexenverfolgungen auf Tecklenburger Territorium niemand als Hexe verurteilt worden. Trotzdem oder gerade deshalb gibt es in der historischen Stadt den sogenannten Hexenpfad.

Auf dieser spannenden Wanderung wird der Besucher in die zauberhafte Welt der Märchen und Spukgeschichten entführt. Der vier Kilometer lange mystische Hexenpfad führt vorbei an malerischen Ruinen, geheimnisvollen Türmen, verwunschenen Toren und Teufelsklippen. Opferstätten und unheimliche Grabkammern sorgen für Gänsehaut. In der bizarren und faszinierenden Landschaft wird die Geschichte der Ritter, Grafen und Hexen wieder lebendig.

Eines der besonderen Highlights auf dem Hexenpfad ist der Abstieg in die sagenumwobene Hexenküche. An diesem magischen Ort kamen der Sage nach zur Mitternachtsstunde die Hexen aus dem ganzen Münsterland auf ihren Besenstielen herangeflogen. Hier brauten sie ihre Tränke, Salben und Tinkturen. Nach einem letzten Stück durch den Wald trifft der Wanderer auf den Hermannsweg,

Der Rundwanderweg »Hexenpfad« führt von der Burgruine aus über die sogenannte Hexenküche, das Rolandsgrab und am Heidentempel vorbei nach etwa fünf Kilometern zurück in die Stadt

der nach Tecklenburg zum Zielpunkt des Hexenpfades zurückführt. Der gut ausgezeichnete, erlebnisreiche Wanderweg begeistert Kinder und Erwachsene gleichermaßen. Das abwechselungsreiche Bergauf und Bergab ist auch mit kleineren Kindern gut zu bewältigen. Er bietet für Kits tolle (ähm: coole) Klettermöglichkeiten, festes Schuhwerk vorausgesetzt.

Kontaktadresse:

Tecklenburg Touristik GmbH
Markt 7
49545 Tecklenburg
Tel: 05482-93890
www.tecklenburg-touristik.de

10

Schiffbruch ausgeschlossen
Inselhopping in Nordrhein-Westfalen

Auf der Brehminsel kann der Besucher die Seele baumeln lassen

Eine Insel in der Stadt

Die Brehminsel in Werden

Die Brehminsel ist eine kleine Insel im Flusslauf der Ruhr im historischen Essener Stadtteil Werden, in der Nähe des Baldeneysees. Sie ist durch eine kleine Brücke mit dem östlichen Flussufer und der Altstadt von Werden verbunden. Am nördlichen Ende der Brehminsel liegt die Schleuse Neukirchen und einige Hundert Meter weiter nördlich das Sperrwehr des Baldeneysees. Im Volksmund wird die Insel auch gerne nur *die Brehm* oder *der Brehm* genannt. Etymologisch leitet sich der Name Brehm von Priem ab und bedeutet so viel wie wasserumspielter Saum. Bereits 1572 wurde die Insel als Viehweide der Abtei Werden genutzt. Als sich Ende des 19. Jahrhunderts Tuchweberfabrikanten Villen am Ruhrufer errichtete, mietete der Fabrikant Huffmann die Insel zeitweise und ließ dabei den heutigen Baumbestand anlegen. Schon damals war die Insel der Öffentlichkeit zugänglich.

Heute ist das schmale Eiland in

der Ruhr Werdens Stadtpark mit einem Kinderspielplatz mit Seilbahn, einem Fußballplatz und einer großen Wiese zum Sonnen, Spielen und Toben. Ideal für einen Familienausflug. Die Rasenflächen und der alte Baumbestand verleihen der Insel die Eigenschaft eines englischen Landschaftsgartens. Bepackt mit Kühltaschen, Picknicktaschen- und decken, Klappstühlen, Fußbällen und Holzkohlengrills pilgern die Werdener zu ihrem Naherholungsort im Grünen. Seit langer Zeit ist der Stadtpark der Werdener im Sommer aber auch das Ziel vieler Besucher außerhalb der Essener Grenzen. Das erste Rendezvous, heute sagt man wohl Date, Sonnenbaden, mit dem Tretboot die Insel umrunden, oder der sonntägliche Spaziergang im Alter und dabei den schönen Blick auf die Ruhr genießen, stets begleitet die kleine Insel seine Besucher.

Kontaktadresse:

Breminsel
Ecke Hardenbergufer/Joseph-Breuer-Straße
45239 Essen
Die Breminsel ist ganzjährig zugänglich.

Ein Fußballplatz aus dem Mittelalter auf der Breminsel? Nein, sondern das Doppelkunstwerk *Für die Ankommenden*, von Maria Nordmann. Gekickt wird hier aber auch

Ruhrgebiet en miniature

Die Emscherinsel

Atlantis, Avalon, Thule und andere mytische Inselnamen befeuern die Phantasien des Lesers. Aber – Emscherinsel? Über eine Länge von 34 Kilometern bilden Emscher und Rhein-Herne-Kanal eine Insel. Die Emscherinsel reicht von Oberhausen bis Castrop-Rauxel. Hier gibt es Wohnsiedlungen mit Grünanlagen, Kleingärten und Sportstätten, aber auch industrielle und gewerbliche Produktionsstätten, Brachen und Kohlehalden sowie eine historische Kulturlandschaft mit landwirtschaftlichen Nutzflächen.

Der Streifen zwischen Rhein-Herne-Kanal und Emscher gehört zu den Städten Oberhausen, Bottrop, Essen, Gelsenkirchen, Herten, Recklinghausen, Herne und Castrop-Rauxel. Im Zuge des Umbaus des Emscher-Systems steht die Insel vor allem als Areal für die Steigerung der Erholungs- und Freizeitqualität dieser Region im Vordergrund. Bereits jetzt finden städtebauliche Entwicklungen an den vorhandenen Gewässern statt. Es gibt mehrere Wohnsiedlungen mit insgesamt fast

Aussichtsturm auf der Emscherinsel

7.000 Einwohnern auf der Emscherinsel. Sie sind teilweise bereits mit hohem gestalterischem und ökologischem Anspruch saniert worden und können mit Neubauten ergänzt werden. Lokale wirtschaftliche Impulse schaffen Arbeit, dazu gehören unter anderem historische Industriebauten, die gewerblich genutzt werden, Gründerzentren und Kultureinrichtungen auf und an den Ufern der Insel.

Im Rahmen der Kulturhauptstadt 2010 übernahm die Emscherinsel eine wichtige Rolle als eines der Leitprojekte: Sie war Kulisse für die Emscherkunst. Hierzu gehörte auch die Erschließung über eine durchgehende Insel-Tour auf Basis der vorhandenen regionalen

Wegesysteme. Die Strecke führt zu spannenden, teils noch unentdeckten Orten, zu Objekten der Emscherkunst 2010, zu Parkanlagen, industriekulturellen Gebäuden, Aussichtspunkten und Rastplätzen. Ein orangefarbiges Leitsystem hilft, den Wegeverlauf nachzuvollziehen. Die Strecke ist ideal für einen Fahrradausflug, ob sportlich oder mit der ganzen Familie.
Für eine bessere Orientierung kennzeichnen spezielle Portale den Zugang zur Insel. Um die Insel aus verschiedenen Perspektiven erfahrbar zu machen, werden verschiedene Standorte am Wasser, Aussichtspunkte und Brücken in Szene gesetzt.

Kontaktadresse:

Emschergenossenschaft/
Lippeverband
Kronprinzenstraße 24
45128 Essen
Tel.: 0201 104 - 2586
www.eglv.de

Mit dem Rad:
Start am Niederrhein-Stadion (SC RW Oberhausen), Lindnerstraße 78, 46149 Oberhausen. Das Stadion liegt schon auf der Emscherinsel. Von hier aus nach Osten, je nach Fitness bis Castrop-Rauxel.

Die Emscherinsel am Oberhausener Gasometer. Rechts davon der breitere Rhein-Herne Kanal, links die Emscher

Die Insel Grafenwerth aus der Luft. Links ein Teil der Insel Nonnenwerth, die gehört aber schon zu Rheinland-Pfalz

Das Nizza vom Rhein

Die Insel Grafenwerth

Es gibt Plätze, die haben einen ganz besonderen Charme. Die Rheininsel Grafenwerth als ein besonderer Ort zum Wohlfühlen und Entspannen gehört mit Sicherheit dazu. Der Aufenthalt auf dem Eiland ist wie ein kleiner Urlaub. Hier lässt sich, mitten im Rhein, ohne Schwierigkeit ein ganzer Ferientag verleben. Ist die Insel über eine der zwei imposanten Brücken erreicht, wartet eine Fülle von Angeboten auf den Gast: ein Spielplatz, Basketballkörbe, das Freibad, Tennisplätze, der Biergarten, das Restaurant und mehrere große Wiesen.

Die Insel Grafenberg bietet dem Besucher mehrere großartige Ausblicke. In Richtung Süden erblickt man den Remagener Ortsteil Rolandseck, westlich liegt die nicht öffentliche (ja, so etwas gibt es heute noch!) Nachbarinsel Nonnenwerth sowie die Ruine Rolandsbogen und in nördlicher Richtung die prächtige Kulisse des Siebengebirges mit dem Drachenfels als optischer Höhepunkt. Die Ruhe und die Schönheit der Insel und der ihrer Umgebung entlockten schon vor 200 Jahren dem Philosophen Alexander von Humboldt den Satz: »Das ist das Nizza vom Rhein«. Grafenwerth – eine Insel mit Logenplatz.

Kontaktadresse:

Insel Grafenwerth
53604 Bad Honnef
Tel.: 02224-71535
www.grafenwerth.de

Wann ist eine Insel eine Insel?

Inseln haben den Geist und die Emotionen der Menschen zu allen Zeiten bewegt. Wohl kaum eine andere Prägung von Mutter Natur gestaltet das Bild der Erde so mannigfaltig und ereignisreich wie die Inseln. Ausschlaggebend hierfür ist offenbar die gänzliche Abgeschlossenheit der Eilande durch das einrahmende Wasser. Aber wie verhält es sich mit den Inseln in Seen und Flüssen. Sind solche Eilande nicht häufig durch Dämme, Brücken etc. mit dem Festland verbunden und verlieren somit ihre Charakteristik als Insel? Wenn das so wäre, könnten manche Fluss- und Binnenseeinseln ihr Merkmal nicht mehr aufrechterhalten (Lindau, Reichenau, Mainau, Ratzeburg). Aber auch viele vor den Meeresküsten liegenden Inseln die mit dem Festland auf irgendeine Weise verbunden sind, hätten dann ihr Attribut verloren. Auch ist die Definition Insel unabhängig vom Abstand der Insel zum Festland oder bei Fluss- und Binnenseeinseln zum See- oder Flussufer. Sonst müssten auch hier viele Inseln als solche von der Landkarte verschwinden, beispielsweise Rügen und Usedom. Halten wir also fest: Landmassen, die in Flüssen oder Seen liegen, auch wenn sie zum Teil nur wenige Meter vom Festland entfernt liegen und mit dem Ufer durch Brücken oder Dämme verbunden sind, müssen als Inseln definiert werden.

Historische Karte des Rheinlaufs mit den Inseln Grafenwerth und Nonnenwerth

Eine Insel auf Zeit

Schenkenschanz

Wie bitte? Schenkenschanz ist eine Insel? Naja, manchmal. Manchmal – ja was denn nun? Der Reihe nach: Das Dörfchen ist der kleinste Stadtteil von Kleve. Es liegt auf der Rheinhalbinsel Salmorth, zwischen dem Zusammenfluss von Rhein und Altrhein. Fast genau dort, wo der Rhein in die Niederlande fließt und zur Waal wird. Dadurch ist Schenkenschanz eine Halbinsel. Als die letzte Hallig vor Hooge bezeichnete der Kabarettist Hanns-Dieter Hüsch das kleine Örtchen. Und wie die Halligen liegt Schenkenschanz die meiste Zeit malerisch in der Natur.

Nur bei Hochwasser, wenn der Rhein über seine Ufer tritt, wird Schenkenschanz zum echten Eiland und ist dann nur noch mit der Fähre erreichbar. Hat das Hochwasser einen kritischen Punkt erreicht, stellt auch der Fährmann seinen Betrieb zum Festland ein. Dann sind die Schänzer, so nennen sich die Bewohner von Schenkenschanz, von der Umwelt isoliert und froh, dass sie von Schutzmauern und Deichen umgeben und somit vor der Überflutung geschützt sind.

Schenkenschanz ist dann ein friedlicher Ort der Stille. Aber auch sonst geht es hier beschaulich zu. Das war nicht immer so. Die Schanz, wie sie liebevoll genannt wird, hat nämlich eine beeindruckende Geschichte. Die Schenkenschanz wurde 1586 als Festung gegen die Spanier in der Gabelung von Rhein und Waal von Martin Schenk von Nideggen erbaut. Sie gehörte Ende des 16. Jahrhunderts zu den stärksten Festungen Europas.

Der Festungsbau war wegen seiner strategischen Lage von großer Bedeutung und war als Tor zu den Niederlanden lange Zeit uneinnehmbar. Durch Verlagerungen der Flussläufe wurde die Festung zur Insel, bis sie schließlich im frühen 18. Jahrhundert durch Versandung des Rheinlaufes und erneuter Veränderung der Flussläufe ganz ihre Bedeutung verlor.

Heute wird die Schanz besonders am Wochenende von zahlreichen Ausflüglern besucht.

Kontaktadresse:

Schenkenschanz, 47533 Kleve
Heimatverein Schenkenschanz
Schenkenschanz 9
47533 Kleve
Tel.: 02821-3407
www.schenkenschanz.de

Schenkenschanz von Norden her gesehen. Im Hintergrund der Altrhein mit der Fähre

Schenkenschanz ist von einer Hochwasserschutzmauer umgeben. Das Schutztor in der Mauer wird bei Hochwasser geschlossen. Dann wird das Dorf zur Insel – zur abschließbaren Insel

11
Hohe Hausnummer
Ungewöhnliche Gebäude

Ein Hindutempel im Industriegebiet

Der Sri-Kamadchi-Ampal-Tempel in Hamm

Im Keller der Mietwohnung des tamilischen Priesters Siva Sri Paskarakurukkal begann 1989 die Geschichte des Tempels im Westen von Hamm. Als Bürgerkriegs-Flüchtling aus Sri Lanka war er vier Jahre zuvor nach Deutschland gekommen. Bereits 1992 mussten die Räumlichkeiten vergrößert werden, die Gemeinde zog in die Räume einer alten Heißmangel um. Aber auch hier wurde es bald zu eng. Schließlich entstand ab 2000 auf einem gegenüberliegenden Grundstück, ebenfalls im Gewerbegebiet, der Neubau des heutigen großen Hallentempels.

Seit seiner Einweihung am 7. Juli 2002 steht in Hamm der größte Dravida-Tempel Europas und nach dem Neasden-Tempel in London der zweitgrößte hinduistische Tempel in Europa. Das Gebäude wurde zu Ehren der Göttin Kamadchi, die Göttin mit den Augen der Liebe, gebaut.

Von außen geben dem Tempel rot-weiße Längsstreifen und das 17 Meter hohe Portal des Gopuram (Tempelturm) seine Gestalt. Die große Granitstatue der namensgebenden Göttin und über 200 weitere Figuren von Gottheiten schmücken die Tempelanlage.

An dem Bau, insbesondere an den vielen Skulpturen und Verzierungen,

Tempelwagen am Tag der Großen Prozession

Zugang und Gopuram (Torturm) des Sri-Kamadchi-Ampal-Tempel in Hamm

arbeiteten mehrere Tempelbauer aus Indien mit. Die Anlage war etwa 1,5 bis 1,7 Millionen Euro teuer. Sie wurde allein aus Spenden und Darlehen finanziert. Der Hammer Architekt Heinz-Rainer Eichhorst plante den Tempel. Dabei orientierte er sich streng nach der Vorlage und dem Stil des Kamakshi-Tempels im südindischen Kanchipuram.

An einem bestimmten Datum, das astrologisch durch den Mondstand bestimmt wird, feiern die Gläubigen im Tempel das Wagenfest, im tamilischem Ther genannt. Im Verlaufe der Feier werden verschiedene Gottheitsstatuen auf mehreren Wagen um das Tempelgebiet gezogen. Das 14 Tage andauernde Tempelfest ist das größte in Deutschland und zieht über 25.000 Gläubige und Besucher aus aller Welt an. Zur Nordrhein-Westfälischen-Hindu-Gemeinde zählen über 5000 Menschen, etwa 60.000 tamilische Hindus leben insgesamt in Deutschland. Der Tempel ist täglich geöffnet und allen Interessierten zugänglich.

Teilansicht des Sri Kamadchi Ampal Tempel in Hamm

Ganesha-Statue am Sri-Kamadchi-Ampal-Tempel in Hamm

Kontaktaddresse:

Siegenbeckstraße 4-5
59071 Hamm
Tel.: 02388-302223
www.kamadchi-ampal.olanko.de

Gesamtansicht des Neuen Zollhofs in Düsseldorf. Durch die Auswahl unterschiedlicher Materialien erhält jeder Gebäudekomplex eine eigene Identität.

Irgendwie schräg

Die Gehry-Bauten im Düsseldorfer Medienhafen

Wenn im Düsseldorfer Medienhafen Gebäude wie Kartenhäuser zusammenzufallen scheinen, dann könnte das an zu vielen Gläsern Düsseldorfer Alt-Bieres liegen. Drei Bauten im neuen Düsseldorfer Hafen verwirren nämlich das Auge des Betrachters. Alle Wände sind krumm und schief, verwinkelt und verschachtelt. Eine Symmetrie ist nirgendwo zu finden. Die kippenden Wände scheinen sich zu bewegen. Eigentlich müssten sie jeden Augenblick umfallen – ein Wunder, dass sie überhaupt stehen bleiben. Nein, der Betrachter ist völlig nüchtern. Er steht vor dem Gebäudeensemble Neuer Zollhof, in Düsseldorf, kurz Gehry-Bauten genannt. Bei der Umgestaltung des alten Rheinhafens wurde in der Landeshauptstadt, anders als in anderen Städten, keine Flächensanierung betrieben, sondern Grundstück für Grundstück individuell behandelt und seinem künftigen Nutzer angepasst. Auf diese Weise wurde das

Gebiet nicht in ein einheitliches architektonisches Korsett gezwängt. Stattdessen leisteten internationale renommierte Architekten wie David Chipperfield, Joe Coenen, Steven Holl, Claude Vasconi und der amerikanische Architekt Frank O. Gehry ihre Beiträge. Letzterer, ein Superstar in der Architektenwelt, machte kurz vor der Jahrtausendwende mit seinem typischen dekonstruktivistischen Stil die drei tanzenden Büroräume zu einem modernen Wahrzeichen von Düsseldorf. Um die Freiform-Fassaden der drei Bürotürme zu realisieren, mussten völlig neue Bautechniken entwickelt werden. Die Gehry-Bauten sind heute eines der am meisten fotografierten Gebäude der Stadt.

Kontaktadresse:

Gehry-Bauten
Neuer Zollhof 1 bis 3
40221 Düsseldorf

Die tanzenden Häuser im Düsseldorfer Medienhafen sind eines der Wahrzeichen der nordrhein-westfälischen Landeshauptstadt

Das Jugendstil-Wasserkraftwerk in Heimbach mit dem RWE Industriemuseum

Die Industrie-Kathedrale der Nordeifel

Das Jugendstil-Kraftwerk in Heimbach

Geheiratet werden kann hier nicht, auch auf Glockengeläut aus den beiden Türmen des Bauwerkes wird man lange warten müssen. Gemeint ist das über hundert Jahre alte Wasserkraftwerk an der Rur in Heimbach. Der Architekt Georg Frentzen baute das Kraftwerk 1904 im klassischen Jugendstil. Das von außen sakral anmutende Gebäude wird gerne *Industrie-Kathedrale* oder manchmal auch *Spukschloss der Eifel* genannt.

1905 in Betrieb genommen, produziert das Kraftwerk bis heute elektrische Energie und ist wegen seiner vollständigen Erhaltung einmalig in Europa. Sein Wasser bezieht es aus der Urft-Talsperre über einen 2700 Meter langen Stollen der 110 Meter oberhalb des Kraftwerkes in zwei Druckrohre übergeht.

Die ursprüngliche Ausrüstung mit acht Francis-Turbinen, die jeweils einen eigenen Generator zu 1.500

Kilowatt antrieben, war fast 70 Jahre in Betrieb. Es war seinerzeit mit einer Leistung von 12000 Kilowatt das größte Speicherkraftwerk Europas. Die Turbinen wurden 1975 außer Betrieb genommen und durch zwei neue Maschinen mit höherem Wirkungsgrad ersetzt. Seitdem hat die Anlage eine installierte Leistung von 16.000 Kilowatt zur Abdeckung von Spitzenlast. Von den alten Maschinen sind noch einige an Ort und Stelle verblieben, da die neuen Stromerzeuger deutlich weniger Platz beanspruchen.

Im Wasserkraftwerk befindet sich das RWE-Industriemuseum. Die Ausstellung zeigt historische Elektrogeräte und ein Betriebsbüro im Originalzustand von 1904. Das Museum und das Kraftwerk können im Rahmen von angebotenen Führungen nach vorheriger Anmeldung beim Besucherdienst der RWE Power besichtigt werden. Seit 1998 findet jährlich Anfang Juni ein Kammermusikfestival statt. Aufgrund seiner bautechnischen Einmaligkeit steht das Kraftwerk Heimbach heute unter Denkmalschutz.

Kontaktadresse:

Wasserkraftwerk Heimbach
52396 Heimbach-Hasenfeld
Kleestraße
Tel.: 02446-9504320
oder
0800/8833830, (kostenlose Hotline Besucherdienst RWE Power)
www.rwe-innogy.com

In der Nähe:

Burg Hengebach

Die mittelalterliche Burg Hengebach, deren Anfänge bis in das 11. Jahrhundert zurückreichen, ist Heimbachs Wahrzeichen und prägt das Stadtbild.

Tür im Jugendstil-Wasserkraftwerk in Form einer Glühlampe

Ein Hingucker, wenn man es sieht

Das schmalste Haus von Köln

Was tun, wenn eine Baulücke von 2,56 Meter Breite geschlossen werden muss? Eigentlich ganz simpel: Um diesen engen Spalt maximal auszunutzen, verwendet man mit Einverständnis der Nachbarn deren Außenmauern für das neue Haus, verankert daran, quasi wie Regale, die Betondecken der Etagen und montiert davor und dahinter Glasscheiben als Fassade. Der Begriff eigene vier Wände muss am Eigelstein 15 in eigene zwei Glasscheiben abgewandelt werden. Für ein Treppenhaus ist hier natürlich auch kein Platz; die Stufen zu den oberen Etagen verlaufen deshalb außen auf der Rückseite des Hauses. Sogar die Türklingeln sind aus Platzmangel in die Haustüre eingebaut. Hierdurch ist das Wohn- und Bürohaus am Eigelstein 115 mit 2,56 Meter Breite (aber mit 30 Meter Länge) das schmalste Haus in Köln. Der kleine Glaspalast beherbergt ein Ladenlokal und drei Appartements. Ein absoluter Hingucker, immer vorausgesetzt, man sieht das Haus mit nur einer Fensterfront überhaupt. Im Vorbeifahren könnte es auch mal mit einer großen Glasscheibe verwechselt werden.

Das architektonische Kuriosum wurde 1997 nach Plänen der Architekten Arno Brandlhuber und Bernd Kniess errichtet. Anlass war ein Sanierungsprogramm der Stadt Köln mit der Bestimmung, Baulücken zu schließen. Zu der Zeit stand auf dem Grundstück Eigelstein 15 nur ein Kiosk. Das schmalste Haus Kölns wurde 2000 mit dem Kölner Architekturpreis und 2002 mit dem schwedischen Coredesign Award ausgezeichnet.

Kontaktadresse:

50668 Köln Altstadt-Nord
Eigelstein 115

In der Nähe:

Das Senfmuseum Köln

Im Senfmuseum erfahren die Besucher Wissenswertes über die Senfsaat und können dem Senfmüller bei seiner Arbeit zusehen. Natürlich darf der schmackhafte Senf auch verkostet werden. Wer danach Appetit auf etwas Süßes bekommen hat – das Schokoladenmuseum ist ebenfalls ganz in der Nähe ...

Türklingel in der Haustür: Gerade mal 2,56 Meter breit und dafür bis zu 30 Meter lang ist das Wohnhaus Eigelstein Nr. 115 in Köln

Von Nichts nach Nirgendwo

Die Soda-Brücken in Nordrhein-Westfalen

Die Soda-Brücke in Wetter an der Ruhr

Einen Schuppen für meinen Traktor könnte man daraus machen, dann wäre das Ding wenigstens nicht ganz nutzlos«, meint ein Landwirt. Seit über zwanzig Jahren bestellt der humorvolle Bauersmann seinen Acker um einen Betonklotz, der einer Brücke nicht unähnlich sieht und wohl auch einmal als solche geplant war. Sie sollte Teil einer Autobahnverbindung zwischen Bonn und den Niederlanden werden. Doch die Nachbarn spielten nicht mit und die Autobahn wurde zu einer Bundesstraße degradiert. Die zuständigen Behörden hatten da aber schon vorsichtshalber mal eine Brücke in die Felder bei Elsig, einem Ortsteil der Stadt Euskirchen, gesetzt. Bürgerinitiativen machten zusätzlich gegen den Bau der Bundesstraße Front und erreichten vor dem Bundesverwaltungsgericht einen Baustopp. Seitdem wird neu geplant, geplant, geplant. Ganz nutzlos ist die Bauleiche ja doch nicht: Im Jahre 2001 bildete die Kölschrockband BAB sie auf dem Plattencover *Aff un Zo* ab.

Die Brücke wird umgangssprachlich Soda-Brücke genannt, weil sie einfach nur *so da* steht, ohne jegliche Bindung an ihr Umfeld. Ein weiteres Beispiel für eine Soda-Brücke steht in Castrop-Rauxel-Frohland. In den späten siebziger Jahren planten die Städte Bochum und Dortmund den Neuen Hellweg, dessen Bau aber kurz nach dem Start schon wieder eingestellt wurde. Die Trasse endet nach 1,5 Kilometern neben einer nutzlosen Soda-Brücke. Ein weiteres Meisterwerk der Sinnlosigkeit ist in Wetter an der Ruhr

Die Soda-Brücke in Castrop-Rauxel

Steht nur so da: Die Soda-Brücke bei Euskirchen

zu bestaunen oder sollte man besser sagen, zu beweinen? Hier ruhen nach der Fertigstellung eines ersten Bauloses für eine neue Ruhrbrücke seit Ende 2005 die Arbeiten, ohne das die Brücke jemals das Rollen eines Reifens gespürt hat.

Mangels Nutzung – und damit auch mangels Pflege und Instandhaltung neigen Soda-Brücken naturgemäß zum Verfall und werden zu Bau- bzw. Investitionsruinen.

Doch, so eine einsame Brücke hat einen Vorteil: Von links und rechts gibt es nie einen Stau!

> **Übrigens:**
>
> Das Phänomen der Soda-Brücke ist nicht neu; es existierte als Planungs- und Konstruktionsmerkmal bereits in der Antike. Bei den archäologischen Ausgrabungen am Römerkanal wurden Unterkonstruktionen von kleineren Aquädukt-Brücken gefunden, deren geringfügig von der nachher gebauten Linie abweichende Ausrichtung nur den Schluss zuließ, dass sie bereits vor dem Bau der eigentlichen Wasserleitung errichtet wurden.

12 Vorsicht, Technik
Dem Ingenieur ist nichts zu schwör

Des Kaisers neues Handy

Die Optische Telegraphenstation Nr. 32 Oeynhausen

Auf dem Wiener Kongress vom 18. September 1814 bis zum 9. Juni 1815 hatte Preußen das Rheinland erhalten und musste nun die Grenze zum Erbfeind Frankreich bewachen. Hierzu wurde ein System zur schnellen Nachrichtenübermittlung nötig. In den Jahren 1832 bis 1834 ließ der Preußenkönig Friedrich Wilhelm IV. die optische Telegrafenlinie zwischen Berlin und Koblenz errichten.

Auf der etwa 600 Kilometer langen Strecke standen an topografisch besonders günstigen Stellen, meist auf Bergen, 62 Telegrafenstationen. Charakteristisches Merkmal einer optischen Telegrafenstation war der hohe Mast mit drei beweglichen weit sichtbaren Doppelarmen, den sogenannten Indikatoren. War die Luft *rein*, konnten durch die unterschiedliche Stellung der sechs Arme insgesamt 4.096 verschiedene Zeichen gebildet werden. Hierdurch war es möglich, in kurzer Zeit Nachrichten von der Hauptstadt bis an die Grenze des Königreichs Preußen zu übermitteln. Eine Nachricht von 30 Worten, in Berlin gestartet, erreichte in 1,5 Stunden Koblenz. Wenn man bedenkt, welche Zeit reitende Boten, auf die man bis dahin angewiesen war, für die Strecke brauchte, war das eine nachrichtentechnische Meisterleistung.

Die beweglichen Telegrafenarme (Indikatoren) am Mastbaum der Telegrafenstation

Das System der optischen Telegrafie hatte aber auch gravierende Nachteile. So gab es viel Kurzarbeit, weil im Sommer nur etwa sechs Stunden und im Winter nur drei Stunden

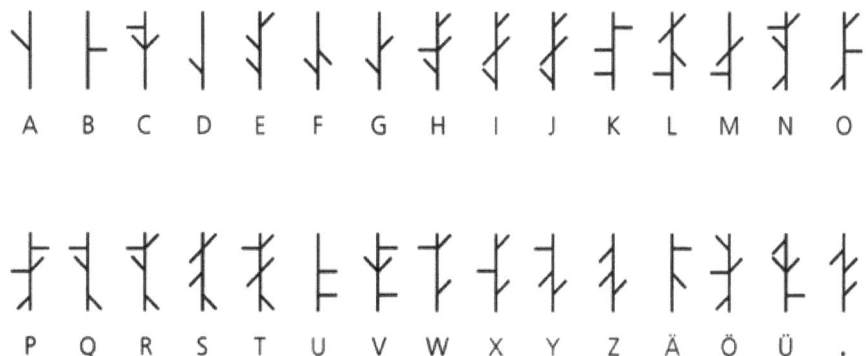

Das telegrafische Alphabet einschließlich der Umlaute

Stunden gearbeitet werden konnte. Bei Nebel oder Regen, Schnee oder Hagel hatten der Ober- und der Untertelegrafist ruck zuck Feierabend. Der Optische Telegraf konnte den wachsenden Ansprüchen nicht lange nachkommen und wurde von den neuen Techniken der elektrischen bzw. Funkentelegrafie abgelöst. Nach nur 15-jähriger Tätigkeit stelle die Regierung 1849 den Betrieb der optischen Telegrafenlinie ein. Als Zeuge der heute fast vergessenen Nachrichtentechnik wurde das Telegraphen-Etablissement Nr. 32 auf der Finnstätte bei Oeynhausen durch den Heimatverein wieder aufgebaut. Es zeigt unter anderem das Stationszimmer der preußischen Telegrafisten mit dem Stellapparat für die Indikatoren und die mit dem Preußenmuseum NRW in Minden rekonstruierten historischen Uniformen. Von der Telegrafenstation hat man einen weiten Blick über die Egge, die Steinheimer Börde und das Lipper Bergland bis hin zum Weserbergland mit dem höchsten Berg des Kreises Höxter, dem Köterberg.
Die optische Telegrafie übermittelte auch ganz schlechte Nachrichten: 1810 wurde der Befehl zur Erschießung Andreas Hofers von Mailand nach Mantua durch den optischen Telegraphen übermittelt.

Kontaktadresse:

Optische Telegrafenstation
Nr. 32 Oeynhausen
33039 Nieheim
Tel.: 05274-313
www.nieheim.de

Keine PCs, keine Smartphones, keine Handys, keine startenden Autos, wenn es darum geht, mit einem Radioteleskop Informationen aus dem Weltall zu empfangen.

Ist da jemand?

Das Radioteleskop bei Effelsberg

Allein die minimale Strahlung eines PCs oder die Elektronik eines Fahrzeugs kann den Empfang von Signalen aus dem All massiv stören oder sogar komplett unmöglich machen. Der Elektrosmog ist oft vielfach stärker als die Signale, die die Forscher aus dem All empfangen und auswerten wollen. Ein auf dem Mond plaziertes Handy mit einer Sendeleistung von zwei Watt wäre, von der Erde aus betrachtet, die drittstärkste Radiosignalquelle im Weltraum.

In der Nähe des Touristenstädtchens Bad Münstereifel, beim Ort Effelsberg fängt das größte bewegliche Ohr in Europa Informationen aus den Weiten des Weltalls ein. Die Tallage in der Eifel bietet einen sehr guten Schutz gegen Störstrahlung, die die empfindlichen Messungen erschweren könnten. Das Radioteleskop Effelsberg wurde 1971 in Betrieb genommen. Es ist mit einer Parabol-Antennen-Schüssel von hundert Metern Durchmesser das zweitgrößte bewegliche Radioteleskop der Welt. Die Arbeit der Forscher des Max-Planck-Institutes für Radioastronomie klingt nach Science-Fiction aus einer Hollywood-Produktion.

Die Wissenschaftler beobachten in Effelsberg außerirdischer Objekte wie interstellare Staubwolken, Pulsaren, Galaxisformationen, Schwarzen Löchern und Kerne ferner Galaxien. Effelsberg ist auch eine wichtige Station für das weltweite Zusammenschalten von Radioteleskopen. Das Radioteleskop ist nicht nur für Astronomen interessant. Nach Voranmeldung beim Max-Planck-Institut für Radioastronomie erfahren Besucher in Vorträgen, wie sich das Weltall anhört. Auch Bilder des Radiouniversums sind zu sehen. Ein Aussichtsplateau oberhalb der Anlage bietet einen sehr guten Blick auf die Fliegende Untertasse der Eifel und gute Fotografiermöglichkeiten. Es gibt Informationsschautafeln am Pavillon, einen Planetenwanderweg über knapp 800 Meter vom Parkplatz (Pluto) zum Pavillon (Sonne), den Milchstraßenweg über vier Kilometer von Burgsahr (Sahrbachtal) zum Pavillon, den Galaxienweg über

Das Radioteleskop Effelsberg ist eines der größten beweglichen Radioteleskope der Erde

2,6 Kilometer vom Wanderweg hinter dem Radioteleskop bis zur Martinshütte. Und immer daran denken, auch wenn es schwer fällt: Handy ausschalten!

Kontaktadresse:

Radioobservatorium
Effelsberg
Max-Planck-Strasse 28
53902 Bad Münstereifel-
Effelsberg, www.mpg.de

Das alte Schiffshebewerk Henrichenburg in Waltrop ist Deutschlands erstes Schwimmer-Hebewerk nach dem Auftriebsprinzip und bis heute das größte Bauwerk am Dortmund-Ems-Kanal

Ein Aufzug für Schiffe

Das Schiffshebewerk Henrichenburg in Waltrop

Vor über hundert Jahren zerbrachen sich Ingenieure den Kopf darüber, was zu tun ist, wenn Frachtschiffe 14 Meter Höhenunterschied zwischen zwei Kanälen überwinden müssen. Um diesen Niveauunterschied im Verlauf des Dortmund-Ems-Kanals zu überbrücken, entschloss man sich keine Schleuse, sondern ein Hebewerk zu bauen. Zu der Entscheidung führten wirtschaftliche und betriebstechnische Überlegungen. So hatten Hebewerke gegenüber Schleusen den Vorteil, dass beim Schleusengang nur wenig Wasser verloren ging; auch konnten größere Höhenunterschiede überwunden werden. Außerdem war das erforderliche Pumpsystem für die Schleusen zu teuer.

Am 11. August 1899 weihte Kaiser Wilhelm II. unter großem Tam-Tam am Dortmund-Ems-Kanal in Waltrop das Schiffshebewerk Henrichenburg ein. Es war ein Schlüsselbauwerk des Dortmund-Ems-Kanals, denn erst mit seiner Fertigstellung war es möglich, dass der Kanal bis zum Dortmunder Hafen befahren werden konnte. Jetzt konnten Kohle, Erze und Baustoffe auf dem Wasserweg von den Nordseehäfen ins Ruhrgebiet und umgekehrt transportiert werden. Beim Bau des gigantischen Aufzuges wurde in Deutschland zum ersten Mal ein Schwimmer-Hebewerk nach dem Auftriebsprinzip konstruiert. Die Schiffe wurden in einer Wanne mit Wasser gehoben und gesenkt.

Das Meisterwerk der Ingenieurskunst erstaunt sogar Technik-Muffel. 70 Jahre lang tat das Hebewerk seinen Dienst und trug Frachtschiffe bis zu 600 Tonnen Gewicht über eine Geländestufe von 14 Metern. 1969 wurde das alte Schiffshebewerk stillgelegt, nach dem eine moderne Anlage in unmittelbarer Nachbarschaft seine Aufgabe übernommen hatte.

Im historischen Maschinenhaus befindet sich eine umfangreiche Ausstellung, die über Schiffshebewerke in Deutschland, den Dortmund-Ems-Kanal und das Leben und die Arbeit auf einem Dampfschiff informiert. Einzigartig ist die Sammlung schwimmender Arbeitsgeräte und historischer Schiffe, die im Vorhafen des Hebewerks liegen.

Auch für Kinder ist das Schiffshebewerk ein spannendes Ausflugsziel. Die Figur des Käpt'n Henri begleitet die jungen Besucher durch die Ausstellung und erklärt ihnen komplizierte technische Vorgänge einfach und verständlich.

Ein künstlich angelegter Wasserlauf ermöglicht den Kindern, mit einer Kurbel ein Modell des Schiffshebewerks Henrichenburg zu bedienen. Wer seinen Ausflug mit einer Schiffsfahrt auf dem Dortmund-Ems-Kanal vervollständigen will, der kann direkt vom Anleger des Hebewerks eines der regelmäßig ankommenden und abfahrenden Schiffe besteigen.

Ob zwischen Dampfern, inmitten der historischen Hafenszenerie oder auf den imposanten Oberhauptürmen – aus jeder Perspektive bietet das Schiffshebewerk Henrichenburg eine einzigartige Industriekulisse und ein Industriedenkmal von europäischem Rang.

Kontaktadresse:

Schiffshebewerk
Henrichenburg
Am Hebewerk 26
45731 Waltrop

Orts- und Stichwortregister

A

Achtzigjähriger Krieg	17
Altena > Erlebnisaufzug	114
Aplerbeck	135
Ardey-Gebirge	54
Art Brut	123
Aschlöchske	80
Deutsches Automatenmuseum	95

B

Baal	44
Baldeneysee	160
Bedburg > Werwolf-Wanderweg	147
Bergisch-Gladbach	88,104
Bielefeld	78
Bochum	54
Bonn > Psychiatriemuseum	143
Bottrop>Bernepark	74
Bottrop > Grusellabyrinth 138	
Borken	52
Borussia Dortmund	55
Bödefeld	143
Bruchmühlen	30
Brüggen>Natur- und Tierpark	44
Bünde	95
Burg Hengebach	176
Burg Wissem	102

C

Cüppers, Carl > Schulmuseum	88

D

dasparkhotel	74
Datteln	38
Dattelner Meer	15
Dattel–Hamm-Kanal	15
Davensberg > Folterturm	152
Dellbrück	67
Detmold	22
Deutschland-Express	111
Diepholz	126
Dinxperlo	32
Doppelkirche>Schwarzrheindorf	71
Dortmund > Giraffenmuseum	108
Dortmund-Ems-Kanal>Route	10
Doveren	44
Draisine	36
Dreiländereck	34
Düffel	37
Dülken > Narrenmuseum	98
Duisburg	79
Düsseldorf	67
Drahtzieherstadt	114

E

Effelsberg	184
Eigelstein	177
Emscherinsel	162
Engelskirchen > Engel-Museum	110
Epprath	147
Espelkamp	9
Essen	96

F

Felke, Emanual>Lehmpastor	50
Felsenmeer	56
Folterkammer	154
Fossa Eugeniana	17
Fossa Route	18
Frechen > Indianerdorf	149
Friedrichstaler Kanal	22

G

Gauselmann	94
Gefängniszelle	81
Gelsenkirchen	111
Gehry-Bauten	173
Glück & Seligkeit>Restaurant	77
Gottesurteil	142
Grafenwerth> Insel	164
Grüne Flotte	24
Gronau	47
Groesbeek	6

H
Hamm	170
Hannoversch Ströhen	126
Hattingen	67
Heimbach	175
Hellenthal	45,132
Hemer	56
Henrichenburg	186
Herzogenrath	33
Hexenküche	156
Hohenlimburg > Mumienhand	141
Höchster Punkt NRW	135
Höngen	40
Höxter	128
Hyacinthoides non-scripta	44

I
Internationale Lichtkunst	122
Isenbruch	40,130

J
Jugendstil.Kraftwerk	175

K
Kahler Asten	134
Kaldenkirchen	42
Kanalknotenpunkt	16
Kanalfestival	16
Kanalrohr	74
Kasperle	124
Kehr	132
Kerkrade	33
Kindermuseum Explorado	18
Kindergartenmuseum	104
Kletterkirche	62
Kleve	36
Kloster Corvey	128
Kloster Kamp	17
Knastprüfung	82
Knotenpunktsystem	39
Köln > Fernwärmetunnel	27
Köln > Spuktour-Spezial	150
Köln > Rheinseilbahn	151
Kölner Kanalisation	12
Krake Paul	107
Kranenburg	36
Kronleuchtersaal	12

L
Langenberg	134
Laurel & Hardy > Museum	106
Lemgp > Junkerhaus	123
Lennestadt > Galileo Park	109
Limbricht	39
Limburger Zipfel	38
Lindenberg, Udo,	47
Lindlar > Kuriositätenmuseum	107
Lippe	19
Losheimer Landgraben	133
Lüdenscheid > Phänomenta	142

M
Maas	17
Maaseik	39
Mammutbäume	42
Medienhafen	173
Meerhof	48
Mikronation	34
Millen	39
Minden>Wasserstraßenkreuz	10
Mittelpunkt von NRW	135
Mittellandkanal	10
Moers-Repelen	50
Monschau	45
Mönchengladbach	62

N
Narcissus pseudonarcissus	45
Nettetal	42
Neuer Zollhof	173
Neutral-Moresnet	34
Nieheim > Sackmuseum	100
Nizza vom Rhein	165
Nonnenwerth	165
Nostalgisches Puppentheater	124
Nördlichster Punkt NRW	126

O
Oberhausen > SEA LIFE 116
Oeynhausen 182
Oleftal 45
Optische Telegraphenstation 182
Ostbevern 83
Östlichster Punkt NRW 128
Ouren 35
Ozeanbecken 116

P
Pader 19
Paderborn 19
Panorama-Erlebnis-Brücke 66
Parabol-Antennen-Schüssel 184
Parken mit Meeres-Flair 18
Petershagen 82
Plagiarius > Museum 86
Planetenweg 52
Plästerlegge 66
Potts Park 11
Preußisch Ströhen 126
Puzzlemuseum 90

Q
Quellschwemmkegel 21

R
Rahden 127
Radioteleskop 184
Rhein-Herne-Kanal 15
Rietberg > Bibeldorf 115
Rödgen 65
Rur 175

S
Sauerland-Pyramiden 109
Schalke 04 55
Schenkenschanz 166
Schiffshebewerk > Waltrop 186
Schiefes Haus 84
Schloss Neuhaus 19

Schloss Augustusburg 89
Schulmuseum 88
Selftkant 130
Senfmuseum Köln 177
Siegen > Beatles-Museum 92
Sittard 130
Simultankirche 65
Schmalstes Haus von Köln 177
Soda-Brücken 179
Soest 67
Solingen 86,106
Soul of Africa Museum 96
Speakers'Corner 121
Sri-Kamadchi-Ampal-Tempel 170
Stahle 12
Stump, Peter 147
St. Mokka>Schmugglerkirche 70
Suderwick 32
Susteren 39,130
Südlichster Punkt NRW 132
Schwerte > Laternenweg 155

T
Tauchen 26
Tecklenburg 84
Tecklenburg > Hexenpfad 156
Tetraeder 140
Themenzimmer 83
Tiefste natürliche Senke NRW 135
Tiger & Turtle 107
Tippelsberg 54
Troisdorf 103

U
Ulmenwall 78
Unna 122
Unperfekthaus 120
Unterwasserpark 26
Urft-Talsperre 175

V
Vaalser Berg 34
Ver-rückte Zeiten 143

VfI Bochum	55
Voodoo	96
Vreden	46

W

Wagenfeld	126
Waltrop	38
Waschkaue	138
Werden > Brehminsel	160
Wesel-Datteln-Kanal	15
Weser	10
Westlichster Punkt NRW 13Wiener Kongress	182
Wissem > Bilderbuchmuseum	102
Wollseifen >Geisterdorf	145
Wülfrath > Zeittunnel	112

Z

Zipfelpass	131
Zwillbrocker Venn	46
Zyfflich	135

Quellen und Zitatennachweis

Fossa Eugeniana: Regionalverband Ruhr, Route der Industriekultur.
GLÜCKUNDSELIGKEIT: Achim Fiolka.
Aschlöchsken: Stadtwerke Duisburg, Presseabreilung.
Das kleinste Beatles-Museum der Welt: Harold Krämer.
Spuktour – Spezial,Köln: Tour-Agentur Hohe Pforte 22, 50676 Köln.
Zitat: Bizarres Denkmal für Wilhelm II. Der Kronleuchtersaal in der Kanalisation, N 24, dkl, DP, Wissen, 07.06.2014 17:48 Uhr

Bildnachweis

Seiten:
10: Kreis Minden-Lübecke, Teutoburger Wald Tourismus, 11: Ub12vow-, CC BY-SA 3.0, $3, 12, 13 und 14 (oben), 27: A.Savin (Wikimedia Commons · WikiPhotoSpace) - CC BY-SA 3.0, https://commons.wikimedia.org/w/index.php?curid=4785211, 14 unten: Peter Jost, Thilo Schmülgen, 15: Roswitha Dubielowski, 16: Von Mbdortmund - GFDL 1.2, https://commons.wikimedia.org/w/index.php?curid=6487270, 17: Helmi Schmidt, 19: Freak-Line-Community - CC BY-SA 3.0, https://commons. wikimedia.org/w/index. hp?curid=10937103, 20: Rufus46 - CC BY-SA 3.0, https://commons.wikimedia.org/w/index. php?curid=17131901, 21: Von Witold Grzesiek - CC BY-SA 3.0, https://commons. wikimedia. org/w/index.php?curid=8805979, 22: Tsungam - CC BY-SA 3.0, https://commons. wikimedia. org/w/index.php?curid=18903068, 24 und 25: Grüne Flotte, Nicole Breidenbach, 26: NaturaGart Deutschland GmbH & Co. KG, Norbert Jorek, 28: Von ©1971markus, CC BY-SA 3.0 de, https://commons.wikimedia.org/w/index.php?curid=22676658, 33 Ziko – CC BY-SA 3.0, https://commons.wikimedia.org/w/index.php?curid=4019898, 35: Frans Berkelaar, CC BY-SA 2.0, https://commons.wikimedia.org/w/index.php?curid=46114657, 36: Grenzland-Draisine GmbH, Karl Reinery, 37: Grenzland-Draisine GmbH, Foto Klaus-Dieter Stade, 39: Michiel-verbeek - CC-BY-SA 4.0, tps://commons.wikimedia.org/w/index.php? urid= 5856798, 43: Helmi Schmidt, 46: Frebeck - CC BY-SA 3.0, https://commons.wikimedia.org/w/index.php?curid=2010182847: 47: uli benke, photography, ulink.de, 48: Christoph Weinreich, 49: Weg: Wald und Holz NRW, 51: Helmi Schmidt, 53: Sternfreunde Borken e.V., Günther Strauch, 54 und 55: Jürgen Divina, 56: Helfmann - CC-BY-SA 4.0, https://commons.wikimedia.org/w/index.php?curid=37164328. 57: Ahoerstemeier - CC BY-SA 3.0, https://commons.wikimedia.org/w/index.php?curid=69282, 59: Tuxyso/Wikimedia Commons, CC BY-SA 3.0, https://commons.wikimedia.org/w/index.php?curid=20473193, 62, 63, 64: Helmi Schmidt, 65: Bob Ionescu - https://commons. wikimedia.org/w/ index.php?curid =330758, 67, 160 und 161: Frank Vincentz- CC BY-SA 3.0, https://commons.wikimedia.org/w/index.php?curid=12152182, 68: Stephan Hense - CC BY-SA 3.0, https://commons.wikimedia.org/w/index.php?curid=4881898. 71: Hawobo -,CC BY-SA 2.0 de, https://commons.wikimedia.org/w/index.php?curid=5054126, 75: Hans-Jürgen Broll, 76: Ilias Abawi/Emschergenossenschaft, 78: GLÜCKUNDSELIGKEIT, 79 und 80: Helmi Schmidt, 81und 82: Jürgen Bünemann, 83 und 84: Dirk Boll, dirk.boll@beverland.de, 86 und 87: Aktion Plagiarius e.V, 89; Sieghart Pudmensky, 92 und 93: Harold Krämer, 94 und 95: Sascha Wömpener Deutsches Automatenmuseum, Sammlung Gauselmann, 96 und 97: Henning Christoph, SOUL OF AFRICA MUSEUM, 99: Helmi Schmidt, 100 und 101: Ulrich Pieper, Sackmuseum Nieheim, 103: Museum Burg Wissem, 105: Georg W. Geist, Kindergartenmuseum NRW, Von Hilton Teper - Eigenes Werk, CC

BY-SA 3.0, https://commons.wikimedia.org/w/index.php?curid=18475013 106: Hilton Teper - CC BY-SA 3.0, https://commons.wikimedia.org/w/index.php?curid=18475013 107: Stephan Halbach, Gemeinde Lindlar, 108: Giraffen-Museum Dortmund,Heinz-Jürgen Preuß, 109: Yvonne Hennecke, http://www.galileo-park.de, 110: Nicki Brühl, 111: Frank Zarges, 112 und 113: Zeittunnel Wülfrath, 114: Stadt Altena, 115: Eva Fricke, Bibeldorf GmbH, 116 und 117: SEA LIFE Oberhausen, 120 Unperfekthaus, 122: smial - CC BY-SA 2.0 de, https://commons.wikimedia.org/w/index.php?curid=1814765, 123: Hans A. Rosbach/CC-BY-SA 3.0, CC BY-SA 3.0, https://commons.wikimedia.org/w/index.php?curid=32231808, 124: Udo Wodrich, Nostalgisches Puppentheater, 126: Winfried Hedrich, Rahden, Heimatfreunde Preußisch Ströhen, www.der-nordpunkt.de, 128 und 129: Lisa Jödecke, 130 und 175: Frank Vincentz -CC BY-SA 3.0, https://commons.wikimedia.org/w/index.php?curid=17674425, 132 und 133: Wilfried Knips, Gemeinde Hellenthal, 134: „Langenberg top" by Benduiker -Licensed under CC BY-SA 3.0 via Wikimedia Commons - ttps://commons.wikimedia.org/, 138, 139 und 140: Grusellabyrinth NRW, 141: Schloss Hohenlimburg gGmbH, 143: Psychiatrie-Museum Verrückte Zeiten, 145: „Wollseifen 2014" von L.1951a -Lizenziert unter CC-BY-SA 4.0 über Wikimedia Commons, 146: No machine-readable source provided. Own work assumed (based on copyright claims)., CC BY-SA 3.0, https://commons.wikimedia.org/w/index.php?curid=509644, 147: „Varulv" von Gunnar Creutz, Falbygdens museum,Lizenziert unter CC BY-SA 3.0 über Wikimedia Commons, 148: Werner Lott, 151: Ilona Priebe, 152 und 153: Christa Beermann, 155: Sabine Holzhausen, 156 und 157: C. Kienemann, 162, 170 und 171:Rainer Halama - CC BY-SA 3.0, https://commons.wikimedia.org/w/index.php?curid=10786233, 163: Ilias Abawi, EMSCHERGENOSSENSCHAFT/LIPPEVERBAND, 164: Wolkenkratzer - CC BY-SA 3.0, https://commons.wikimedia.org/w/index.php?curid=20669127, 167 oben: Dieter Echterhoff, 167 unten: pressestelle@brd.nrw.de, der Autor des Fotos konnte nicht ermittelt werden, 172 unten: Von Arnoldius - Eigenes Werk, CC BY-SA 3.0, https://commons.wikimedia.org/w/index.php?curid=39074572, 172 oben: Von Anirban Chakraborty - Eigenes Werk, CC-BY-SA 4.0, https://commons.wikimedia.org/w/index.php?curid=43649088, 173 und 174: Helmi Schmidt, 176: CC BY-SA 3.0, https://commons.wikimedia.org/w/index.php?curid=39856 39856, 179 unten: DerHessi, CC BY-SA 3.0, https://commons.wikimedia.org/w/index.php?curid=12863325, 179 oben: Von Markus Schweiss - CC BY-SA 3.0, https://commons.wikimedia.org/w/index.php?curid=968451, 182: Klara Heinemann, HV Oeynhausen e. V., 185: Von Hotstepper13 - Eigenes Werk, CC BY 3.0, https://commons.wikimedia.org/w/index.php?curid=10739632, 186: Heribert Pohl, Waltrop, Schiffshebewerk, CC BY-SA 2.0, https://commons.wikimedia.org/w/index.php?curid=34099091